TOPAS Sellconnect Fare & Ticketing Practice

항공운임
발권실무

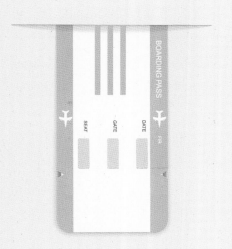

　여가시간 증대와 더불어 삶의 질에 대한 관심이 확산되면서 관광산업은 지속적으로 발전하고 있고 매년 항공편을 이용하여 출입국하는 관광객도 증가하고 있다.

　항공편의 예약, 운임계산, 발권 등의 업무를 진행하는 항공사나 여행사는 GDS(Global Distribution System)를 통해 관련 업무를 처리하고 있다. 따라서 항공사나 여행사의 업무를 하기 위해서는 GDS 사용이 필수적이라 할 수 있다.

　저자는 여행사에서 10년간 항공예약 발권업무의 현장실무 경력과 한국시장에서 사용 점유율이 가장 높은 GDS인 토파스에서 10년간의 교육 강사 경험을 토대로 관광을 전공하는 학생들이 여행사, 항공사 취업 시 알아야 할 기본적인 항공운임 계산과 발권에 대해 이해하기 쉽도록 교재의 내용과 순서를 구성하였다. 전체 7개의 Chapter이며, 세부적으로는 Chapter1 항공운임 기초, Chapter2 Fare System, Chapter3 항공운임 구분, Chapter4 항공운임 계산, Chapter5 발권, Chapter6 Revalidation, Chapter7 Sales Report로 구분하여 각 Chapter에는 학습내용과 관련된 다양한 연습문제도 포함하여 구성하였다.

　본서의 교육을 통해 학생들은 현장에서 필요한 기본적인 지식과 기술을 배양하여 현장 실무 능력을 갖추는 데 도움이 될 것이라 생각한다.

　마지막으로 본서의 발간에 도움을 주신 토파스의 김은배 팀장님, 남유리 차장님, 이세영 강사님께 감사의 말씀을 드립니다. 그리고 출판을 위해 협조해 주신 한올출판사 임순재 사장님과 최혜숙 실장님께 감사드립니다.

2024년 7월

저자 씀

차례

차례

TOPAS Sellconnect
Fare & Ticketing
Practice

항공 운임의
기초

1 ▶ 항공지리

1) IATA의 지역구분 개요

① International Air Transport Association(국제 항공 운송 협회)
② IATA에서는 세계를 3개의 지역(AREA1, AREA2, AREA3)으로 구분하여 항공운임 산출 및 관련규정을 합리적으로 적용하고 있다.
③ 각 지역별로 운송회의(Traffic Conference)를 운영하고 있으며, AREA는 운송회의인 Traffic Conference의 약어를 이용하여 TC1, TC2, TC3으로 호칭하기도 한다.
④ AREA1은 TC1, AREA2는 TC2, AREA3은 TC3을 의미한다.
⑤ 각 AREA는 다시 세부적인 SUB AREA로 구분되어 있다.

2) IATA의 지역구분

구 분	AREA	SUB AREA
서반구 (Western Hemisphere)	AREA1	North America(북미) Central America(중미) South America(남미) Caribbean Island(카리브해)
동반구 (Eastern Hemisphere)	AREA2	Europe(유럽) Middle East(중동) Africa(아프리카)
	AREA3	Korea/Japan(한국/일본) South East Asia(동남아시아) South Asian Sub Continent(남아시아대륙) South West Pacific(남서태평양)

※ IATA 지역별 본부

AREA 1(TC1) : 캐나다 몬트리올, AREA 2(TC2) : 스위스 제네바, AREA 3(TC3) : 싱가폴

3) 지역별 주요국가

(1) AREA 1

① 북미(North America)

Canada	Mexico	U.S.A.

② 중미(Central America)

Belize	Costa Rica	El Salvador
Guatemala	Honduras	Nicaragua

③ 남미(South America)

Argentina	Bolivia	Brazil
Chile	Colombia	Ecuador
Panama	Paraguay	Peru
Uruguay	Venezuela	

④ 카리브해(Caribbean Area)

Bahamas	Bermuda	Caribbean Islands

※ Caribbean islands

Aruba	Barbados	Cuba
Dominica	Haiti	Jamaica
Trinidad and Tobago	Virgin Islands-British	

(2) AREA 2

① 유럽(Europe)

Albania	Algeria	Andorra
Armenia	Austria	Azerbaijan
Belarus	Belgium	Bulgaria
Croatia	Czech Republic	Denmark
Estonia	Finland	France
Germany	Gibraltar	Greece
Hungary	Iceland	Ireland
Italy	Latvia	Liechtenstein
Lithuania	Luxembourg	Malta
Moldova	Monaco	Morocco
Netherland	Norway	Poland
Portugal	Romania	Russia in Europe
Serbia	Slovakia	Slovenia
Spain	Sweden	Switzerland
Tunisia	Turkiye	Ukraine
United Kingdom		

② 중동(Middle East)

Bahrain	Egypt	Iran
Iraq	Israel	Jordan
Kuwait	Lebanon	Oman
Qatar	Saudi Arabia	Sudan
Syria	United Arab Emirates	Yemen

③ 아프리카(Africa)

Angola	Botswana	Cameroon
Congo	Cote d'Ivoire	Ethiopia
Gabon	Ghana	Kenya
Libya	Madagascar	Mozambique
Nigeria	Rwanda	Senegal
Somalia	South Africa	Swaziland
Tanzania	Togo	Uganda
Zambia	Zimbabwe	

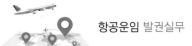

(3) AREA 3

① 한국 / 일본(Korea / Japan)

② 동남아시아(SEA : South East Asia)

Brunei	Cambodia	China
Guam	Hong kong	Indonesia
Kazakhstan	Kyrgyzstan	Laos
Macao	Malaysia	Marshall islands
Micronesia	Mongolia	Myanmar
Palau	Philippines	Russia in Asia
Singapore	Taiwan	Thailand
Turkmenistan	Uzbekistan	Vietnam

③ 남아시아(SAS : South Asian Subcontinent)

Afghanistan	Bangladesh	Bhutan
India	Maldives	Nepal
Pakistan	Sri Lanka	

④ 남서태평양(SWP : South West Pacific)

Australia	Fiji	French Polynesia
New Caledonia	New Zealand	Papua New Guinea
Samoa	Solomon Islands	Tonga
Tuvalu		

연습문제

1 각 Area의 Sub Area를 쓰시오.

AREA1

AREA2

AREA3

2 다음은 Area와 Sub Area 문제입니다.

1) Area 가 다른 국가를 고르시오.

① 독일　　　　② 수단　　　　③ 네팔　　　　④ 케냐

2) Area가 다른 국가를 고르시오.

① 인도　　　　② 태국　　　　③ 페루　　　　④ 호주

3) Sub Area가 다른 도시를 고르시오.

① 프라하　　　② 카이로　　　③ 베니스　　　④ 비엔나

4) Sub Area가 다른 도시를 고르시오.

① BKK　　　　② SIN　　　　③ KUL　　　　④ MLE

5) Sub Area가 다른 도시를 고르시오.

① NYC　　　　② RIO　　　　③ MEX　　　　④ YVR

③ 다음 도시의 Sub Area와 Area를 쓰시오.

▶ 정답 확인 147p

	도시코드	도 시	국 가	Sub Area	Area
1)	ATH	아테네	그리스	유럽	2
2)	BJS				
3)	DXB				
4)	AKL				
5)	NBO				
6)	CAI				
7)	BOM				
8)	JNB				
9)	HAV				
10)	CAS				
11)	LIM				
12)	TIP				
13)	HAN				
14)	YOW				
15)	SYD				
16)	MOW				
17)	THR				
18)	OKA				
19)	CUN				
20)	BOS				
21)	NAN				
22)	RIO				
23)	GUM				
24)	KWI				
25)	FRA				
26)	LON				
27)	PUS				
28)	SPK				
29)	KUL				
30)	IST				

2 방향지표(GI: Global Indicator)

1) 방향지표 개념

① 동일한 두 도시간의 여정이어도 승객이 실제 여행하는 방향에 따라 운임은 다르다.

② 예를 들어 승객이 서울에서 출발하여 페루 리마까지 가는 여정일 경우,

운임은 태평양을 횡단하는 운임과 대서양을 횡단하는 운임으로 구분되어 있어

승객의 여행방향을 정확하게 판단하여 운임계산을 해야 한다.

A 승객 : SEL - LAX - LIM(태평양 횡단)

B 승객 : SEL - MAD - LIM(대서양 횡단)

③ 이러한 여행의 방향성을 지표화하여 방향지표(GI)라고 한다.

2) 방향지표 구분

① 대양(바다)횡단 방향지표

구 분	설 명	예 시
PA	Via The Pacific Ocean : 태평양 횡단 여정 TC3 ◀──▶ TC1	SEL/LAX TYO/NYC
AT	Via The Atlantic Ocean : 대서양 횡단 여정 TC2 ◀──▶ TC1 TC3 ◀──▶ TC2 ◀──▶ TC1	NYC/LON SEL/MAD/LIM
AP (AT+PA)	Via The Atlantic and Pacific Ocean 대서양과 태평양을 모두 횡단하는 여정 TC3 ◀──▶ TC1 ◀──▶ TC2	SEL/LAX/PAR OSA/SFO/LON

② 대륙횡단 방향지표

구 분	설 명	예 시
WH	Western Hemisphere 서반구 내의 여정 TC1 ←→ TC1	LAX/LIM YTO/SAO
EH	Eastern Hemisphere 동반구 내의 여정(TS/RU/FE제외) TC3 ←→ TC3 TC2 ←→ TC2 TC3 ←→ TC2	SEL/HKG SEL/DXB
TS	Via Trans Siberian Routing Between KR/JP & Europe 한국/일본과 유럽 간의 시베리아 횡단 여정 TC3 ←→ TC2	SEL/PAR TYO/PAR
RU	Direct Route Between KR/JP & Russia in Europe 한국/일본과 러시아(in Europe) 간의 Non-Stop 여정 으로 유럽의 다른 도시를 경유하지 않는 여정 TC3 ←→ TC2	SEL/MOW TYO/LED
FE	Far East 한국/일본을 제외한 TC3(동남아,남아시아,남서태평양) 과 러시아(in Europe)/Ukraine 간의 Non-Stop 여정 TC3 ←→ TC2	HKG/LED SYD/MOW

3) 방향지표 중복 시 적용지침

• 하나의 여정에 여러 개의 방향지표가 있는 경우는 다음과 같이 방향지표를 적용한다.

① 대양(Ocean)횡단을 우선하여 적용한다.

SEL / LON / WAS	SEL / LON : TS LON/ WAS : AT ☞ 대양횡단 우선 적용지침에 따라 방향지표는 AT
SEL / TYO / NYC	SEL / TYO : EH TYO / NYC : PA ☞ 대양횡단 우선 적용지침에 따라 방향지표는 PA
SEL / NYC / PAR	SEL / NYC : PA NYC / PAR : AT ☞ 대양횡단 우선 적용지침에 따라 방향지표는 AP

② 동반구 내의 여정인 경우는 TS, RU, FE를 우선하여 적용한다.

TS, RU, FE에 해당되지 않을 경우 EH로 적용한다.

SEL / TYO / PAR	SEL / TYO : EH TYO / PAR : TS ☞ TS
SEL / OSA / MOW	SEL / OSA : EH OSA / MOW : RU ☞ RU
SEL / HKG / LED	SEL / HKG : EH HKG / LED : FE ☞ FE
SEL / BKK / DXB	SEL / BKK : EH BKK / DXB : EH ☞ EH

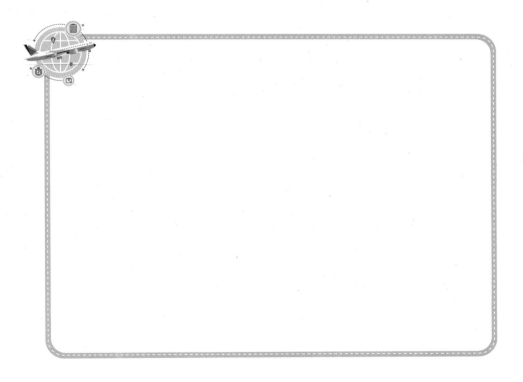

4) 방향지표 자동 조회

① 방향지표는 다음과 같이 Mileage 조회 Entry를 통해 자동으로 확인 가능하다.

② SEL / LON / WAS

FQMSELLONWAS

```
FQM    SEL    LON    WAS

CTY   DC    TPM    CUM    MPM   DC LVL   <HGL   >LWL    25M   XTRA
SEL 3
LON 2 TS   5646   5646   8366   TS  0M   2720      0  10457      0
WAS 1 AT   3678   9324  12076   AT  0M   2752      0  15095      0
```

☞ 중앙의 DC항목 맨 마지막 AT가 해당여정의 GI이다.

③ SEL / LAX / PAR

FQMSELLAXPAR

```
FQM    SEL    LAX    PAR

CTY   DC    TPM    CUM    MPM   DC LVL   <HGL   >LWL    25M   XTRA
SEL 3
LAX 1 PA   5973   5973   7167   PA  0M   1194      0   8958      0
PAR 2 AT   5661  11634  12020   AP  0M    386      0  15025      0
```

연습문제

1 다음 여정의 방향지표(GI)를 쓰시오.

1) SEL / NYC / CHI / FRA

2) SEL / ZRH / AMS / LON

3) SEL / ROM / MAD / NYC

4) SEL / OSA / BKK / CAI

5) SEL / TPE / HKG / MOW

6) SYD / SEL / SFO / ROM

7) TYO / SEL / PAR / NYC

8) SEL / OSA / MOW / LED

9) SEL / TYO / HNL / WAS

10) SEL / SIN / IST / MAD

3 운임 적용 방향

1) 운임 적용 방향 개요

① 동일 도시 구간의 여정이라도 항공 운임은 출발지 국가의 통화로 공시되어 있으므로 다음과 같이 운임이 다르게 적용된다. 따라서 운임의 적용방향은 매우 중요하다.

구 간	운임조회(조건 : 5월 10일 출발, 일반석 정상 편도운임)	운 임
SEL OSA --	① SEL 출발 FQDSELOSA/AKE/D10MAY/IO, X, L	KRW 304900
OSA SEL --	② OSA 출발 FQDOSASEL/AKE/D10MAY/IO, X, L FQC46800JPY/KRW(통화 환산)	JPY 46800 KRW 484000

② 운임 조회 및 통화 환산 결과

```
FQDSELOSA/AKE/D10MAY/IL,X,O
ROE 1116.283752 UP TO 100.00 KRW
10MAY19**10MAY19/KE SELOSA/NSP;EH,
LN FARE BASIS    OW   KRW   RT   B
01 ELEV0RKJ     202800              E
02 HLE00RKJ     222000              H
03 MNE00EKJ     228700              M
04 MLE00RKJ     258000              M
05 BLE00RKJ     299000              B
06 YOW          304900              Y
```

```
FQDOSASEL/AKE/D10MAY/IL,X,O
ROE 113.016418 UP TO 100.00 JPY
10MAY19**10MAY19/KE OSASEL/NSP;EH
LN FARE BASIS    OW   JPY   RT   B
01 ELE00RJK      21600             E
02 MNE00RJK      37200             M
03 BNE00RJK      39600             B
04 YOWKE         46800             Y
05 DNX00RJK      51000             D
06 DNW00RJK      55800             D
```

```
FQC46800JPY/KRW
BSR CONVERSION OF JPY TO KRW
KRW 484000 - ROUNDED AS FARES
KRW 484000 - ROUNDED AS OTHER CHARGES
KRW 483941 - AMOUNT TRUNCATED
BSR USED 1 JPY = 10.340641 KRW EFF 17JAN19
```

2) 운임 적용 방향 지침

① 여정의 진행방향으로 적용한다.

② 출발지 국가로 돌아오는 운임마디는 여정진행의 반대방향으로 적용한다.

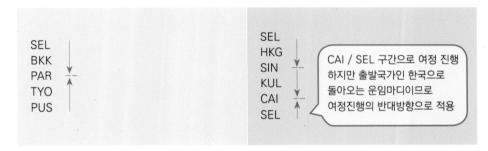

 참고

• 운임 분리 지점(Fare Break Point)

항공운임 계산시 운임을 분리하는 지점이 존재하며, 일반적으로 출발지에서 거리가 가장 멀거나 운임이 가장 높은 지점에서 분리한다.

• 운임 마디(Fare Component)

항공운임 계산시 적용되는 하나의 단위 또는 집합을 의미한다. 예를 들어 전체여정의 운임 마디가 3개이면 각각의 운임 마디 별로 운임을 계산하여 합산한다.

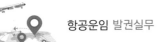

③ 동일지점이나 동일국가가 있는 여정인 경우 여정진행 반대방향으로 적용한다.

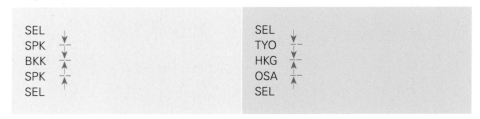

SEL ↓	SEL ↓
SPK ↓↑	TYO ↓↑
BKK ↓↑	HKG ↓↑
SPK ↑	OSA ↓↑
SEL ↑	SEL ↑

참고 (정상운임을 적용하는 경우 아래 국가는 동일국가로 간주)

- 미국과 캐나다(전 여정이 미국과 캐나다로 구성된 경우는 제외)
- 노르웨이, 스웨덴, 덴마크(전 여정이 스칸디나비아 3국으로 구성된 경우는 제외)
- 유럽 국가(전 여정이 유럽국가로 구성된 경우는 제외)

LAX ↓	LAX ↓
SEL ↓↑	NYC ↓↑
YVR ↑	YVR ↓

STO ↓	STO ↓
NYC ↓↑	CPH ↓↑
OSL ↑	OSL ↓

LON ↓	LON ↓
SEL ↓↑	PRG ↓↑
PAR ↑	PAR ↓

※ 정상운임(Normal Fare) 일반적으로 제한사항이 없는 Y 이상의 운임(Y, C, J, F, P의 Fare)

4 여정의 종류

- 승객이 이용하는 여정의 종류에 따라 항공 운임 계산 규정이 다르므로 정확한 운임 계산을 하기 위해서는 여정의 종류를 우선적으로 판단해야 한다.
- 여정의 종류는 다음과 같이 5가지로 구분한다.

1) 편도여정(OW : Oneway)

- 출발지 국가로 되돌아 오지 않는 여정

```
SEL  ↓          SEL  ↓
BKK  -↓-        DXB  ↓
                CAI  -↓-
```

2) 왕복여정(RT : Round Trip)

① 전 구간 항공편 이용

② 최초 출발 도시로 되돌아 오며

③ 운임계산 후 Outbound 운임의 값과 Inbound 운임의 값이 동일한 여정

☞ 2개의 운임 마디로 구성되고 방향지표(GI)가 동일해야 한다.

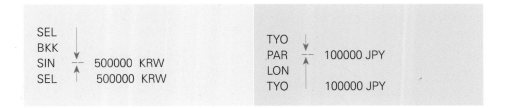

```
SEL  ↓              TYO  ↓
BKK  ↓              PAR  ↓  100000 JPY
SIN  -↓-  500000 KRW   LON
SEL  ↑    500000 KRW   TYO  ↑  100000 JPY
```

3) 일주여정(CT : Circle Trip)

① 전 구간 항공편 이용

② 최초 출발 도시로 되돌아 오며

③ 운임계산 후 Outbound 운임의 값과 Inbound 운임의 값이 다른 여정

☞ 2개 이상의 운임 마디로 구성

☞ 왕복여정과 일주여정은 운임계산을 완료완 후에 판단 가능하다.

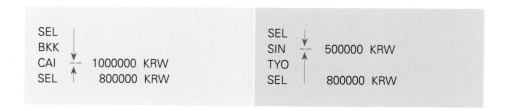

4) 세계일주여정(RW : Round the World Trip)

① 전 구간 항공편 이용

② 최초 출발 도시로 되돌아 오며

③ 대서양과 태평양을 모두 횡단하는 여정

④ 여정의 방향이 한 방향으로 이동(동반구에서 서반구, 또는 서반구에서 동반구)

☞ 일주여정의 형태와 동일

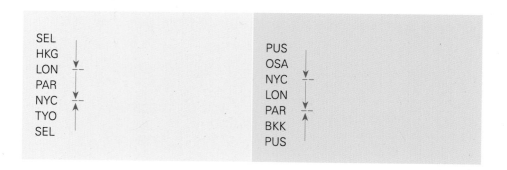

5) 가위 벌린 여정(Open Jaw Trip : OJT)

① 항공편을 이용하지 않는 비항공 운송구간이 발생되어 여정의 연속성이 중단된 여정

② 연속성이 중단된 지점에 따라 다음과 같이 3가지로 구분된다.

•OSOJT(Origin Single Open Jaw Trip)	출발지점과 최종 도착지점에서 중단
SEL SPK PUS	SEL X → SPK PUS
•TSOJT(Turnaround Single Open Jaw Trip)	목적지에서 중단
SEL SPK X 비항공 운송구간 TYO SEL	SPK SEL X TYO
•DOJT(Double Open Jaw Trip)	출발지와 목적지 두 지점에서 중단
SEL SPK X TYO PUS	SEL → SPK X X PUS ← TYO

5 운임의 선택

- 두 지점의 운임은 OW(편도)운임과 RT(왕복)운임으로 구성되어 있다.
- 일반적으로 OW운임보다 RT의 절반(1/2RT)운임이 더 저렴하게 설정되어 있다.
- 해당 운임마디에 OW운임을 적용하는지, 1/2RT운임을 적용하는지는 여정의 종류에 따라 결정된다.

OW 여정 = OW 운임	RT 여정 = 1/2RT 운임
YOW : 적용 운임 SEL OSA -- 304900 KRW	YRT : 적용 운임 SEL OSA -- 277150 KRW SEL 277150 KRW 554300 KRW

```
FQDSELOSA/AKE/D10MAY/IL,X
ROE 1116.283752 UP TO 100.00 KRW
10MAY19**10MAY19/KE SELOSA/NSP;EH/TPM   525/MPM   630
LN FARE BASIS    OW    KRW RT   B PEN  DATES/DAYS    AP MIN MAX R
01 ELEVZRKJ            330000 E  +  S05MAY  05JUN+  + -   6M R
02 HLE0ZRKJ            370000 H  +  S05MAY  05JUN+  - -   6M R
03 ELEV0RKJ    202800         E  +  S05MAY  05JUN+  + -    - R
04 MLE0ZRKJ            430000 M  +  S05MAY  05JUN+  - -  12M R
05 HLE00RKJ    222000         H  +  S05MAY  05JUN+  - -    - R
06 MNE00EKJ    228700         M  +  -       -       + -    - M
07 MLE00RKJ    258000         M  +  S05MAY  05JUN+  - -    - R
08 BLE0ZRKJ            530000 B  +  S05MAY  05JUN   - -  12M R
09 YRT                554300 Y  +  -       -       - -    - M
10 BLE00RKJ    299000         B  +  S05MAY  05JUN   - -    - R
11 YOW         304900         Y  +  -       -       - -    - M
12 DNE3ZRKJ            740000 D  +  -       -       + 3 -  12M+R
```

항공운임 발권실무

26

1) 1/2RT운임 적용 여정

① RT 여정

② CT 여정

③ OJT 여정 중 국제선 운임마디가 2개인 여정

SEL			SEL			SEL	
BKK			SIN	--		PAR	--
HKT	--		CAI	--		X	
SEL			SEL			LON	--
						SEL	

2) OW 운임 적용 여정

· 1/2RT 운임을 적용하지 않는 모든 여정에 OW 운임을 사용한다.

① OW 여정

② OJT 여정 중 국제선 운임마디가 3개 이상인 여정(Normal Fare)

SEL			SEL			SEL	
HKG			LON			SIN	--
SIN	--		X			CAI	--
			PAR			HKG	
			ROM	--		PUS	

☞ 정상운임(Normal Fare) : 일반적으로 제한이 없는 운임(Y, C, J, F, P의 Fare)

항공운임 발권실무

연습문제

1 다음 여정의 운임 적용방향과 적용운임(OW운임, 1/2RT운임)을 표기하시오.(정상운임)

1. SEL FRA ATH -- ROM SEL	2. OSA KUL -- X SIN -- TYO	3. SEL HKG BKK DXB --
4. SEL HKG BOM -- X DEL -- JKT -- SEL	5. PUS HKG HAN -- TPE SEL	6. SEL HKG SIN -- KUL CAI -- SEL
7. SEL BJS -- X TAO -- SEL	8. SEL BKK LON -- HKG SEL	9. SEL LAX -- X SFO -- SEL
10. SEL MNL JKT -- SEL	11. BKK TPE SEL -- HKT	12. SEL BKK CAI -- SEL

6 통화규정

- 항공운임은 원칙적으로 출발지국가의 통화를 기준으로 공시되어 있다.
- 운임을 결합하거나 비교해야 하는 여러 개의 운임마디일 경우 합리적인 운임 계산을 위해 공통적인 단위의 통화로 환산할 필요가 있다.
- 이러한 각 국가의 통화 환산을 위해 통화규정이 설정되어 있다.

단순편도	단순왕복	여러 개의 운임마디
SEL NYC ↓ KRW	SEL ↓ NYC ↑ KRW SEL KRW	SEL KRW TYO SYD ↓ AUD LAX NYC ↓ USD LON PAR ↓ EUR DXB BKK ↑ KRW SEL

1) NUC(Neutral Unit of Construction)

① 항공운임 계산시 출발지 국가의 통화단위로 공시된 운임을 서로 비교하거나 결합하는 경우 사용되는 가상의 중립 통화단위를 의미한다.

② 운임을 공시할 경우 NUC 또는 출발지 국가 통화를 사용한다.

③ NUC는 출발일 기준으로 적용한다.

④ NUC로 운임을 표기하는 경우 소수점 둘째 자리까지 표기한다.

☞ NUC 345.7658 → 345.76 으로 표기

2) ROE(Rate Of Exchange)

① NUC를 출발지 국가의 통화로 환산하거나 출발지 국가의 통화를 NUC로 환산할 때 사용되는 환율을 의미한다.

② 발권일의 ROE를 기준으로 적용한다.

③ 출발국가의 ROE는 IATA에 의해 매월 고지된다.

3) LCF(Local Currency Fare)

① 항공운임은 여행개시 국가인 출발지 국가의 통화로 계산한다.

② 출발국가의 통화가 불안정한 국가는 자국의 통화가 아닌 USD를 사용한다.

☞ 베트남, 필리핀, 멕시코, 브라질, 아르헨티나, 콜럼비아 등은 USD 사용

③ 출발지 국가의 통화마다 끝 단위 처리방법이 다르다.

☞ 한국의 통화는 백 원 단위로 올림 처리하여 적용한다.

사칙연산(HEDF)

더하기	DF100 ; 50
빼기	DF100 - 50
곱하기	DF100 * 2
나누기	DF100 / 2

```
TASK                    FORMAT
----                    ------
ADD                     DF120;25;15
SUBTRACT                DF30-20
MULTIPLY                DF30*3
DIVIDE                  DF20/2
```

4) 통화 환산 공식

- 다음과 같은 공식으로 통화는 환산된다.

① LCF ÷ ROE = NUC	304900 ÷ 1116.283752 = 273.1384 ☞ NUC = 273.13 (소수점 둘째 자리까지 적용)
② NUC × ROE = LCF	273.13 × 1116.283752 = 304890 ☞ LCF = 304900 KRW(백 원 단위로 올림)

① 운임 조회 시 NUC를 지정하여 확인할 수 있다.

```
FQDSELOSA/AKE/D10MAY/IL,X,O/CY/R,NUC
ROE 1116.283752 UP TO 100.00 KRW
10MAY19**10MAY19/KE SELOSA/NSP;EH/TPM   525/MPM   630
LN FARE BASIS    OW    NUC   RT   B PEN   DATES/DAYS    AP MIN MAX R
01 YOW          273.13            Y +    -      -       -  -   - M
```

② 운임 조회 시 통화지정을 하지 않으면 출발지 국가의 통화로 보여진다.

```
FQDSELOSA/AKE/D10MAY/IL,X,O/CY
ROE 1116.283752 UP TO 100.00 KRW
10MAY19**10MAY19/KE SELOSA/NSP;EH/TPM   525/MPM   630
LN FARE BASIS    OW    KRW   RT   B PEN   DATES/DAYS    AP MIN MAX R
01 YOW          304900            Y +    -      -       -  -   - M
```

5) 통화 환산 방법

- 출발지 국가의 통화 끝 단위 처리는 통화환산 FQC Entry를 통해 확인 가능하다.

① NUC → KRW 끝 단위 처리 운임 KRW 끝 단위 처리 100단위로 올림	FQC273.13NUC/KRW CONVERSION OF NUC TO KRW KRW 304900 - ROUNDED AS FARES KRW 304890 - AMOUNT TRUNCATED ROE USED 1 NUC = 1116.283752 KRW EFF 01JAN19 ROUNDING OF FARES UP TO 100 KRW NUC - NEUTRAL UNIT OF CONSTRUCTION KRW - S.KOREAN WON
② KRW → HKD HKD 끝 단위 처리 10단위에서 올림	FQC552500KRW/HKD BSR CONVERSION OF KRW TO HKD HKD 3870 - ROUNDED AS FARES HKD 3863 - ROUNDED AS OTHER CHARGES HKD 3863 - AMOUNT TRUNCATED BSR USED 1 KRW = 0.006992 HKD EFF 19JAN19 ROUNDING OF FARES UP TO 10 HKD ROUNDING OF OTHER CHARGES UP TO 1 HKD KRW - S.KOREAN WON HKD - HONGKONG DOLLAR
③ CNY → USD USD 끝 단위 처리 1단위에서 반올림	FQC3520CNY/USD BSR CONVERSION OF CNY TO USD USD 520.00 - ROUNDED AS FARES USD 520.16 - ROUNDED AS OTHER CHARGES USD 520.16 - AMOUNT TRUNCATED BSR USED 1 CNY = 0.147773 USD EFF 19JAN19 ROUNDING OF FARES TO NEAREST 1.00 USD ROUNDING OF OTHER CHARGES TO NEAREST 0.01 USD CNY - YUAN RENMINBI USD - US DOLLAR

항공운임의 기초 QUIZ

1 Area2의 Sub Area를 쓰시오.

2 Area3 의 Sub Area인 동남아에 속하는 국가를 5개만 쓰시오.

3 지리적으로 아프리카에 있으나 항공운임 적용 시 유럽과 중동지역에 속하는 국가를 모두 쓰시오.

1) 유럽

2) 중동

4 다음 도시의 Sub Area를 쓰시오.

1) GUM

2) MOW

3) KTM

4) VVO

5) CUN

5 다음여정의 방향지표(GI)를 쓰시오.

1) SEL / LAX / SAO

2) SEL / TYO / LON

3) SEL / KUL / AUH

6 다음 여정의 운임적용방향, 여정의 종류, 운임(OW, 1/2RT운임)을 표기하시오.

1)	2)	3)
SEL	SEL	SEL
HAN --	MNL	SIN
X	PAR --	JKT --
DAD --	BKK	HKG
SEL	SEL	PUS

7 다음 여정의 종류에 대해 설명하시오.

1) RT

2) RW

8 다음 통화규정에 대해 쓰시오.

1) NUC

2) ROE

3) 458.97 NUC를 JPY 로 환산한 금액을 쓰시오.

4) 2550 JPY를 THB 로 환산한 금액을 쓰시오

1 다음 항공지리에 대해 답하시오.

1) AREA2의 중동지역의 국가를 5개만 쓰시오.

2) 다음 도시의 SUB AREA를 쓰시오.

도시코드	도시 Full name	국가 Full name	SUB AREA
ZRH			
BOM			
SCL			
TLV			
CAI			
WLG			
VVO			
LED			
ANC			
RUH			

2 다음 여정의 방향지표에 대해 설명하시오.

1) SEL / MNL / BKK / LED

2) PUS / TYO / SEA / SAO

3) MEL / CHI / FRA / TIP

4) TPE / HKG / MOW / CPT

5) HEL / SEL / TYO / MEX

③ 다음 여정의 운임 적용방향을 화살표로 표기하고, 여정의 종류, 운임(OW운임,1/2RT운임)을 쓰시오.

1. HAN DXB MAN -- SIN SGN	2. TPE HKT -- X BKK -- KHH	3. SEL SIN -- DEL -- HKG PUS
4. SEL LON CPT -- PAR SEL	5. BJS HKG X MNL KUL --	6. TYO LAX RIO -- X SAO -- TYO

④ 다음은 통화규정과 관련된 내용으로 물음에 답하시오.

1) NUC565.78을 EUR로 변환하고, EUR의 끝 단위 처리방법에 대해 쓰시오.

2) KRW785600을 USD로 변환(환산)하시오.

TOPAS Sellconnect
Fare & Ticketing
Practice

Fare
System

1 Fare System의 기능

1) 운임조회(FQD)

2) 운임규정 조회(FQN)

3) TAX 조회(FQNTAX)

4) IATA ROE 조회(FQA)

5) 통화환산(FQC)

6) Routing 조회(FQR)

7) Mileage 조회(FQM)

8) PNR이 없는 상태에서 자동 운임 계산(FQP)

9) PNR이 있는 상태에서 자동 운임 계산(FXP)

10) 항공사 Nego Fare 자동 계산(FXP/R,U)

2 ▶ 구간 운임 조회 (FQD)

1) 기본조회(항공사 지정 필수)

FQDSELSIN/AKE

```
FQDSELSIN/AKE
BI   BR   B7   CA   CI   CX   CZ   EK   ET       TAX MAY APPLY
EY   FJ   FZ   GA   GS   HU   HX   IT   JL       SURCHG MAY APPLY-CK RULE
KA   KL   LH   MF   MH   MI   MU   NZ   OZ
PG   PR   QF   QV   SQ   TG   TR   TZ   UA
VN   WY   3U   9W   /YY*AA   AC   AF   AK
BG   B0   CA   CG   CO   C6   D2   D7   EK
FD   FN   FP   FR   FY   F5   GI   GX   G5
HC   HV   H1   H2   JD   JJ   J9   KC   KE
LA   LH   LJ   LL   LS   MF   M8   NW   OD
OZ   PZ   QH   QZ   RY   R3   R7   R8   SB
S3   TB   TO   TW   TZ   UA   UJ   VJ   VK
VY   WW   W2   W5   W7   XJ   XL   X4   X5
YC   YZ   ZE   ZH   ZL   Z2   3Q   3U   4M
40   5Q   6Q   7A   7C   9B   9G   9H   9N
9R   9X
ROE 1116.283752 UP TO 100.00 KRW
19JAN19**19JAN19/KE SELSIN/NSP;EH/TPM  2883/MPM  3459
LN FARE BASIS    OW    KRW   RT    B PEN   DATES/DAYS    AP MIN MAX R
01 POW      1810100            P  +    -      -      -   -   - M
>                                             PAGE   1/ 3
*TRN*

>  MD

19JAN19**19JAN19/KE SELSIN/NSP;EH/TPM  2883/MPM  3459
LN FARE BASIS    OW    KRW   RT    B PEN   DATES/DAYS    AP MIN MAX R
02 PRT              3291000 P  +    -      -      -   -   - M
03 FOW      1593000            F  +    -      -      -   -   - M
04 FRT              2896200 F  +    -      -      -   -   - M
05 JOW      1327300            J  +    -      -      -   -   - M
06 COW      1206600            C  +    -      -      -   -   - M
```

기본조회 시 조건	조건에 맞는 Option 지정
① 타 항공사 List 조회	① 타 항공사 List 제외 → IL
② 높은 운임부터 낮은 운임으로 조회	② 낮은 운임부터 조회 → IX
③ 오늘 출발 운임으로 조회	③ 출발일 지정 → D10MAY
④ 출발지 국가 통화로 조회	④ NUC로 지정 → R,NUC

2) Option 지정 조회

FQDSELSIN/AKE/D10MAY/IL,X
　①　　　②　　　③　　　④　　　⑤⑥

① FQD　　　　　Fare Quotation Display(운임조회 기본 Entry)
② SELSIN　　　구간
③ AKE　　　　　항공사 지정(Airline KE)
④ D10MAY　　　출발일(Departure Date)
⑤ IL　　　　　　타 항공사 List 제외
⑥ ,X　　　　　　낮은 운임부터 높은 운임 순으로 조회(IX)

```
FQDSELSIN/AKE/D10MAY/IL,X
ROE 1116.283752 UP TO 100.00 KRW
10MAY19**10MAY19/KE SELSIN/NSP;EH/TPM  2883/MPM  3459
LN FARE BASIS    OW    KRW   RT  B PEN   DATES/DAYS    AP MIN MAX R
01 ELEVZRKS            610000  E  +  S04MAY  04JUN   +  -   6M R
02 HLEOZRKS            710000  H  +  S04MAY  04JUN   -  -   6M R
03 ELEVORKS   370000           E  +  S04MAY  04JUN   +  -   -  R
04 MLEOZRKS            810000  M  +  S04MAY  04JUN   -  -  12M R
05 HLEOORKS   426000           H  +  S04MAY  04JUN   -  -   -  R
06 MLEOZRMS            949300  M  +  S04MAY  04JUN   -  -  12M M
07 MLEOORKS   486000           M  +  S04MAY  04JUN   -  -   -  R
08 BLEOZRKS           1070000  B  +  S04MAY  04JUN   -  -  12M R
09 BLEOZRMS           1164100  B  +  S04MAY  04JUN   -  -  12M M
10 MNEOOEKS   624000           M  +    -      -      +  -   -  M
11 BLEOORKS   642000           B  +  S04MAY  04JUN   -  -   -  R
12 YRTKE              1512600  Y  +    -      -      -  -   -  R
13 YRT                1512600  Y  +    -      -      -  -   -  M
14 YOWKE     780000            Y  +    -      -      -  -   -  R
15 YOW       832000            Y  +    -      -      -  -   -  M
```

3) 운임조회 후 항목 설명

항 목	설 명
LN	Line Number
FARE BASIS	운임코드 Fare Basis 앞에 오는 특정부호가 있는 경우 / : Add-on 결합 운임(FRV1 : Line번호 1로 조회 가능) * : 아직 발효되지 않은 운임
OW	One way Fare
KRW	출발지 국가의 통화코드
RT	Round Trip Fare
B	해당운임의 Booking Class
PEN	Penalty 정보 + : Penalty 있음(FQN1//PE : Line번호 1로 조회 가능) − : Penalty 없음 P50 : 50% Penalty NRF : Non-Refundable
DATES/DAYS	DATES(출발일 포함된 기간의 Seasonality) DAYS(출발요일의 주중, 주말)
AP	사전구입 조건(Advance Purchase) + : 사전구입 조건 있음(FQN1//AP : Line번호 1로 조회 가능) − : 사전구입 조건 없음
MIN	최소 체류기간(Minimum Stay) − : 최소 체류기간 제한 없음 2 : 최소 2일은 체류해야 함 SU : 일요일부터 출발 가능(Sunday Rule)
MAX	최대 체류기간(Maximum Stay)
R	운임 계산방법 R : Routing System Fare M : Mileage System Fare

4) 운임 조회 기타 Option

Entry	설 명
FQDSELLON/AKE	특정 항공사 지정
FQDSELLON/AKE,BA,OZ	특정 항공사 복수 지정(최대 3개)
FQDSELLON/AKE/D10MAY	미래 출발일 지정
FQDSELLON/AKE/D10NOV18	과거 출발일 지정(연도 지정 필수)
FQDSELLON/AKE/CM	특정 Booking Class 지정(Class : M)
FQDSELLON/AKE/KY	Cabin Class 지정 (F : First / C : Business/ Y : Economy)
FQDSELLON/AKE/VTS	특정 GI 지정
FQDSELLON/AKE/IL	타 항공사 List 제외
FQDSELLON/AKE/IX	낮은 운임부터 높은 운임으로 지정
FQDSELLON/AKE/IO	OW운임
FQDSELLON/AKE/IH	1/2RT 운임
FQDSELLON/AKE/IR	RT운임
FQDSELLON/AKE/R,NUC	NUC
FQDSELLON/AKE/R,-NML	Normal(정상운임)
FQDSELLON/AKE/R,-SPL	Special(특별운임)
FQDSELLON/AKE/R,-GRP	Group(단체운임)
FQDSELLON/AKE/R,-CH-IN	승객유형 지정
FQDSELLON/AKE/VRW	세계일주 운임
FQDSELLON/AKE/R,U	Nego Fare
FQDSELLON/AKE/R,UP	Nego Fare & Published Fare

※ Nego Fare 　　　　항공사가 협의하여 승인한 판매가

※ Published Fare 　각 항공사들이 특정시장 및 수요에 따라 운임을 정하여 정부
　　　　　　　　　의 인가를 받아 공시하는 운임

3 ⟩ Rule 조회(FQN)

- 운임의 규정과 관련 정보는 Fare Note를 통해 조회 가능하다. (FQD 후속 Entry)
- 운임을 적용하기 위해서는 관련 규정을 체크하여 운임 계산해야 한다.

FQDSELSIN/AKE/D10MAY/IL, X → FQN1(1 : 운임의 Line 번호)

```
FQDSELSIN/AKE/D10MAY/IL,X
ROE 1116.283752 UP TO 100.00 KRW
10MAY19**10MAY19/KE SELSIN/NSP;EH/TPM  2883/MPM  3459
LN FARE BASIS     OW   KRW RT  B PEN  DATES/DAYS    AP MIN MAX R
01 ELEVZRKS            610000 E  +  S04MAY  04JUN   + -    6M R
02 HLE0ZRKS            710000 H  +  S04MAY  04JUN   - -    6M R
03 ELEV0RKS    370000         E  +  S04MAY  04JUN   + -     - R
04 MLE0ZRKS            810000 M  +  S04MAY  04JUN   - -   12M R
```

```
FQN1
**  RULES DISPLAY  **
10MAY19**10MAY19/KE SELSIN/NSP;EH/TPM   2883/MPM   3459
LN FARE BASIS     OW   KRW RT  B PEN  DATES/DAYS    AP MIN MAX R
01 ELEVZRKS            610000 E  +  S04MAY  04JUN   + -    6M R
FCL: ELEVZRKS  TRF:   8 RULE: KS03 BK:  E
PTC: ADT-ADULT                 FTC: XEX-REGULAR EXCURSION
OPTION LIST
    RU.RULE APPLICATION         MX.MAX STAY
    SE.SEASONS                  SR.SALES RESTRICT
    TR.TVL RESTRICTION          AP.ADVANCE RES/TKT
    CD.CHILD DISCOUNTS          AD.AGTS DISCOUNTS
    OD.OTHER DISCOUNTS          SO.STOPOVERS
    TF.TRANSFERS/RTGS           SU.SURCHARGES
    TE.TKT ENDORSEMENT          PE.PENALTIES
    CO.COMBINABILITY            MD.MISCELLANEOUS DATA
    VC.VOLUNTARY CHANGES        VR.VOLUNTARY REFUNDS
         ****** SELECT CATEGORIES ******
```

☞ Rule의 2자리 코드가 조회된다.

• Rule의 2자리 코드를 이용하여 선택해서 조회 가능하다.

FQN1//AP, CD
   ①   ②   ③

① 1 : 운임의 Line 번호
② AP(Advance Purchase) : 사전구입 조건
③ CD(Child Discount) : 어린이 할인

```
FQN1//AP,CD
**   RULES DISPLAY  **
10MAY19**10MAY19/KE SELSIN/NSP;EH/TPM  2883/MPM  3459
LN FARE BASIS    OW   KRW  RT  B PEN  DATES/DAYS   AP MIN MAX R
01 ELEVZRKS            610000 E  +  S04MAY  04JUN   + -   6M R
FCL: ELEVZRKS  TRF:   8 RULE: KS03 BK:  E
PTC: ADT-ADULT              FTC: XEX-REGULAR EXCURSION
AP.ADVANCE RES/TKT
FOR ELEVZRKS TYPE FARES

  RESERVATIONS ARE REQUIRED FOR ALL SECTORS.
  WAITLIST NOT PERMITTED.
  TICKETING MUST BE COMPLETED WITHIN 3 DAYS AFTER
  RESERVATIONS ARE MADE.
        NOTE -
         ALL SECTORS MUST BE CONFIRMED.

CD.CHILD DISCOUNTS

  ACCOMPANIED CHILD 2-11 - CHARGE 75 PERCENT OF THE FARE.
```

4 Tax 조회 (FQNTAX)

- 국가코드를 이용하여 항공운임에 추가로 징수하는 국가별 Tax를 조회할 수 있다.

FQNTAX/KR

```
FQNTAX/KR
KR SOUTH KOREA
REPUBLIC OF KOREA TAX INFORMATION

** TAXES COLLECTABLE ON TICKET **
                                              TAX CODE

1.  INTERNATIONAL PSC,DEPARTURE TAX
    AND GLOBAL DISEASE ERADICATION FUND        BP


2.  DOMESTIC PASSENGER SERVICE CHARGE          DA
```

```
1.  INTERNATIONAL PSC,DEPARTURE TAX AND GLOBAL DISEASE
    ERADICATION FUND

TAX CODE ON TICKET:   * BP *
                                              PAGE  1/ 6
*TRN*

>  MD

INTERNAL TAX TYPE :  ( DP )

- INTERNATIONAL DEPARTURE FROM SEOUL (ICN)   :  KRW 28000
- INTERNATIONAL DEPARTURE FROM SEOUL (GMP)   :  KRW 28000
- INTERNATIONAL DEPARTURE FROM BUSAN (PUS)   :  KRW 23000
- INTERNATIONAL DEPARTURE FROM JEJU  (CJU)   :  KRW 23000
- INTERNATIONAL DEPARTURE FROM DAEGU (TAE)   :  KRW 23000
- INTERNATIONAL DEPARTURE FROM GWANGJU (KWJ) :  KRW 23000
- INTERNATIONAL DEPARTURE FROM CHEONGJU (CJJ):  KRW 23000
- INTERNATIONAL DEPARTURE FROM YANGYANG (YNY):  KRW 23000
- INTERNATIONAL DEPARTURE FROM MUAN (MWX)    :  KRW 23000

  ////TRANSFER PASSENGERS(24 HRS) BETWEEN INT'L FLIGHTS////
   ///AT SAME AIRPORT (ICN,GMP,PUS,CJU,TAE,CJJ,YNY,MWX)///
             /////COLLECT KRW 10000/////
```

5 ROE 조회 (FQA)

- 통화, 도시, 국가코드로 ROE를 조회할 수 있으며 과거 12개월 전까지 가능하다.

1) 현재 ROE 조회

```
FQAKRW
FQA*SEL
FQA*KR
```

```
FQAKRW
                  EFF 01JAN19 ***   DISC INDEF
1 NUC   1116.283752 KRW           ROUNDING UP TO        100.00   KRW

NUC - NEUTRAL UNIT OF CONSTRUCTION
KRW - S.KOREAN WON
```

```
FQA*SEL
                  EFF 01JAN19 ***   DISC INDEF
1 NUC   1116.283752 KRW           ROUNDING UP TO        100.00   KRW

NUC - NEUTRAL UNIT OF CONSTRUCTION
KRW - S.KOREAN WON
```

☞ ROE는 구간운임 조회인 FQD에서도 조회 가능하다.

2) 과거 ROE 조회

```
FQA/10DEC18    FQA*BKK/10DEC18
```

```
FQA/10DEC18
                  EFF 01DEC18 ***   DISC INDEF
1 NUC   1120.58803 KRW           ROUNDING UP TO        100.00   KRW

NUC - NEUTRAL UNIT OF CONSTRUCTION
KRW - S.KOREAN WON
```

3) 통화환산(FQC)

- ROE 및 BSR(Bank Selling Rate)을 이용하여 통화(Currency)를 환산할 수 있다.
- 날짜를 지정할 경우 과거 12개월 전까지의 환율을 적용하여 환산 가능하다.

① 현재 환율로 환산

```
FQC2320HKD/KRW
FQC2320HKD : KRW는 생략 가능
```

```
FQC2320HKD/KRW
BSR CONVERSION OF HKD TO KRW
KRW 331100 - ROUNDED AS FARES
KRW 331100 - ROUNDED AS OTHER CHARGES
KRW 331064 - AMOUNT TRUNCATED
BSR USED 1 HKD = 142.700140 KRW EFF 29JAN19 DISC 29JAN19

ROUNDING OF FARES UP TO 100 KRW
ROUNDING OF OTHER CHARGES UP TO 100 KRW

HKD - HONGKONG DOLLAR
KRW - S.KOREAN WON
```

☞ 특정통화를 지정하지 않으면 터미널이 위치한 도시의 통화로 환산된다.

② 과거일 환율로 환산

```
FQC2320HKD/KRW/10DEC18
```

```
FQC2320HKD/KRW/10DEC18
BSR CONVERSION OF HKD TO KRW
KRW 332800 - ROUNDED AS FARES
KRW 332800 - ROUNDED AS OTHER CHARGES
KRW 332724 - AMOUNT TRUNCATED
BSR USED 1 HKD = 143.415654 KRW EFF 08DEC18 DISC 10DEC18
```

☞ BSR(Bank Selling Rate)은 외국통화를 매도할 때 적용되는 환율(외국통화 → KRW)

6 Routing 조회 (FQR)

- 운임 계산 방법 중 Routing System을 적용하는 경우 Routing을 조회하여 지정된 도시와 항공사를 조회할 수 있다.

FQDSELDAC/AKE/IL, X, R → FQR1

```
FQDSELDAC/AKE/IL,X,R
ROE 1116.283752 UP TO 100.00 KRW
29JAN19**29JAN19/KE SELDAC/NSP;EH/TPM ...../MPM  3351
LN FARE BASIS      OW    KRW  RT   B PEN    DATES/DAYS    AP MIN MAX R
01 EHEVZR1T                1100000 E  +  S21DEC  28FEB    +  -   6M  R
02 HHE0ZR1T                1200000 H  +  S21DEC  28FEB    -  -   6M  R
03 MNE0ZRMT                1277100 M  +   -       -       -  -  12M  M
04 BNE0ZRMT                1455500 B  +   -       -       -  -  12M  M
05 YRT                     2021400 Y  +   -       -       -  -   -   M
06 CRT                     2412800 C  +   -       -       -  -   -   M
07 JRT                     3016000 J  +   -       -       -  -   -   M
```

```
FQR1
ROE 1116.283752 UP TO 100.00 KRW
29JAN19**29JAN19/KE SELDAC/NSP;EH/TPM ...../MPM  3351
LN FARE BASIS      OW    KRW  RT   B PEN  DATES/DAYS     AP MIN MAX R
01 EHEVZR1T                1100000 E  +  S21DEC  28FEB   +  -   6M  R
ADDON          SPECIFIED KE6002  ADDON          EFF09JUL18
   1 * SEL-BKK-BG/PG-DAC
   2 * SEL-KUL-MH-DAC
```

☞ 위의 Route Map에서 부호 하이픈(-)은 and의 의미하며 슬래시(/)는 or를 뜻한다

☞ 도시 사이에 항공사가 없고 -만 있는 경우는 조회한 항공사인 KE를 이용해야 한다.

☞ 즉, 1번 Line은 SEL에서 KE로 BKK 이용하고 BG나 PG로 DAC까지 가는 Routing 이다.

7 Mileage 조회(FQM)

- 최대 29개 도시까지 Mileage 조회 가능하다.

1) 기본 조회

FQMSELMNLHKGKULSIN

```
FQM    SEL    MNL    HKG    KUL    SIN

CTY  DC   TPM    CUM    MPM  DC LVL  <HGL   >LWL    25M  XTRA
SEL 3
MNL 3 EH  1627   1627   1952  EH  0M   325      0   2440     0
HKG 3 EH   712   2339   1554  EH EXC     0    397   1942     0
KUL 3 EH  1572   3911   3440  EH 15M    45    127   4300     0
SIN 3 EH   196   4107   3459  EH 20M    43    130   4323     0
```

☞ GI는 중앙의 DC항목 마지막 부분의 EH로 적용한다.

☞ EMS는 LVL의 마지막 부분만 체크한다. 20% 할증임을 확인할 수 있다.

2) Mileage 조회 시 항목 설명

항 목	설 명
CTY	City Code
DC	각 구간별 GI
TPM	두 도시간의 발권 구간 거리
CUM	출발지에서 각 도시간의 TPM의 합
MPM	출발지에서 각 도시간의 최대 허용 거리
DC	해당 여정의 최종 GI
LVL	MPM을 기준으로 한 TPM의 합의 할증율(5M, 10M, 15M, 20M, 25M)
<HGL	현재 초과율에 도달하기까지의 거리 (3459 x 1.20 = 4150) − 4107=43
LWL>	이전 초과율에 현재 초과된 거리 (4107−(3459 x 1.15= 3977) = 130
25M	25% 할증 적용된 MPM (3459 x 1.25 = 4323)
XTRA	Extra 허용 Mileage

3) 비항공 운송구간 지정 조회

• 비항공 운송구간에 --을 입력한다.

```
FQMSELPARROM--FRAIST
```

FQM	SEL	PAR	ROM	--FRA	IST					
CTY	DC	TPM	CUM	MPM	DC	LVL	<HGL	>LWL	25M	XTRA
SEL 3										
PAR 2	TS	5626	5626	8342	TS	0M	2716	0	10427	0
ROM 2	EH	686	6312	8286	TS	0M	1974	0	10357	0
FRA 2	EH	***	6910	8023	TS	0M	1113	0	10028	0
IST 2	EH	1169	8079	7813	TS	5M	124	266	9766	0

☞ ROM FRA 구간의 TPM이 아래에서 본 바와 같이 598이다.

☞ ROM FRA 구간에 *** 표시는 비항공 운송구간으로 TPM 598이 합산되어 TPM의 합이 6910으로 보여진다.

FQM	ROM	FRA								
CTY	DC	TPM	CUM	MPM	DC	LVL	<HGL	>LWL	25M	XTRA
ROM 2										
FRA 2	EH	598	598	717	EH	0M	119	0	896	0

8 Informative Pricing (FQP)

- 완성된 PNR이 없는 경우 승객의 여정을 이용하여 운임의 정보를 추정하기 위해 다양한 옵션을 지정하여 자동으로 운임 계산 가능하다.
- Tax 조회를 위해서는 도시코드보다 공항코드를 이용하는 것이 바람직하다.
  ☞ Tax조회는 PNR을 작성하여 확인하는 것이 정확하다.

1) 기본 FQP 조회

FQPICN/AKESINICN

```
FQPICN/AKESINICN

 *  FARE BASIS  *  DISC    *  PTC       *  FARE<KRW>  * MSG   *T
01  PRT         *          *  1         *    3401500  *RB     *Y
02  FRT         *          *  1         *    3006700  *RB     *Y
03  JRT         *          *  1         *    2523700  *RB     *Y
04  CRT         *          *  1         *    2304300  *RB     *Y
05  YRT         *          *  1         *    1623100  *RB     *Y
06  YRTKE       *          *  1         *    1623100  *RB     *Y
07  EHEVZRKS    *          *  1         *     940500  *RB     *Y
```

항 목	설 명
DISC	Discount Code
PTC	Passenger Type Code
FARE	Fare
MSG	Message Code
T	Tax 포함 여부(Y : Tax Included)
기본조건	– 성인운임 – 오늘출발 – 높은 운임부터 낮은 운임 순서로 조회 – 모든 도시 체류

2) 운임 선택

FQH7 : 7번 Line 세로 형식으로 선택
FQQ7 : 7번 Line 가로 형식으로 선택

```
FQH7


  FCP  AL  BK TPM    MPM    EMA   EMS R GI CC  NVB   NVA     BG
  SEL
  SIN  KE  E                   ·       R EH KE      21JUL   1P
 FARE BASIS:EHEVZRKS         AMOUNT IN NUC:          371.76
  SEL  KE  E                          R EH KE      21JUL   1P
 FARE BASIS:EHEVZRKS         AMOUNT IN NUC:          371.76

 TOTAL FARE CALCULATION:                            743.52
 ROE: 1116.283752               FARE KRW:           830000
 TAX: YRVA          43200    BPDP           28000
      L7DE           9000    OPAE            5100
      SGAD          25200
 TOTAL:                                             940500
```

```
FQQ7

07 EHEVZRKS     *          * 1          *    940500  *RB    *Y

LAST TKT DTE 21JAN19 - DATE OF ORIGIN
----------------------------------------------------------------
      AL FLGT  BK   DATE  TIME   FARE BASIS      NVB   NVA   BG
 SEL
 SIN KE       E    21JAN         EHEVZRKS              21JUL 1P
 SEL KE       E                  EHEVZRKS              21JUL 1P

 KRW     830000    21JAN19SEL KE SIN371.76KE SEL371.76NUC
                   743.52END ROE1116.283752
 KRW      43200-YR XT KRW 9000-L7 KRW 5100-OP KRW 25200-SG
 KRW      28000-BP
 KRW      39300-XT
 KRW     940500
```

3) FQP 실행 후 Fare Note 조회

• FQP Entry 실행 후 운임의 Line번호를 이용하여 운임마디 별로 조회 가능하다.

```
FQPICN/AKESINICN
FQN7
FQN7-1//AP (7-1 : 7번 Line의 첫 번째 운임마디)
```

```
FQN7

7 - PTC 1 ADT
>FQN 7-1    ADT SELSIN KE   EHEVZRKS   PU 1 S
>FQN 7-2    ADT SINSEL KE   EHEVZRKS   PU 1 S
                                              PAGE  1/ 1

*TRN*

>  FQN7-1

FQN7-1

 7 - PTC 1 ADT                                RULES DISPLAY
FARE COMPONENT  1     ADT SELSIN KE   EHEVZRKS   PU 1 S
FCL: EHEVZRKS  TRF:   8 RULE: KS03 BK:  E
PTC: ADT-ADULT              FTC: XEX-REGULAR EXCURSION
OPTION LIST
    RU.RULE APPLICATION        MX.MAX STAY
    SE.SEASONS                 SR.SALES RESTRICT
    TR.TVL RESTRICTION         AP.ADVANCE RES/TKT
    CD.CHILD DISCOUNTS         AD.AGTS DISCOUNTS
    OD.OTHER DISCOUNTS         SO.STOPOVERS
    TF.TRANSFERS/RTGS          SU.SURCHARGES
    TE.TKT ENDORSEMENT         PE.PENALTIES
    CO.COMBINABILITY           MD.MISCELLANEOUS DATA
    VC.VOLUNTARY CHANGES       VR.VOLUNTARY REFUNDS
```

4) FQP Option 조회

요청 내용	Option	Option 위치
특정항공사 지정	/AKE	해당 도시 사이
특정날짜 지정	/D10MAY	해당 도시 사이
Booking Class 지정	/CM	해당 도시 사이
GI 지정	/VTS	해당 도시 사이
Surface(비항공 운송구간) 지정	--	해당 도시 사이
Stopover & Surface 지정	---	해당 도시 사이
Fare Break Point(운임분리지점) 지정	/B	해당 도시 앞
Fare Break Point(운임분리지점) 미지정	/N	해당 도시 앞
Stopover(도중체류 지점) 지정	-	해당 도시 뒤
할인코드 지정	/RCH /RIN /RAD	Entry 맨 마지막
Group 운임 지정	/RGV /RGV-CH /RGV-IN	Entry 맨 마지막
Nego Fare 지정	/R, U	Entry 맨 마지막
Nego Fare & Published Fare 지정	/R, UP	Entry 맨 마지막

☞ 모든 도시에 체류할 경우 체류도시 뒤에 -(하이픈)은 생략해도 무방하다.

☞ 항공사 지정 Option 및 Class 지정 Option을 입력하는 경우 주의사항 새로운 항공사 또는 Booking Class 가 추가되기 이전에는 처음 지정된 Option이 전 여정에 그대로 적용됨을 주의해야 한다.

EX) FQPICN/AKE/CMSIN/ICN

☞ ICN 과 SIN 사이의 항공사 KE와 Class M 이 SIN 과 ICN 구간에도 그대로 적용됨

9 PNR Pricing(FXP)

- 완성된 PNR이 있는 경우 PNR을 조회하여 FXP Entry로 자동 운임 계산이 가능하다.

1) PNR조회 후 기본 Entry

RT23006579 → FXP

```
>  RT23006579

--- RLR ---
RP/SELK1394Z/SELK1394Z              AA/SU    3FEB19/1412Z    JAXE6O
2300-6579
  1.KOO/SUN MS
  2   KE 643 E 10MAY 5 ICNSIN HK1   1445 1955   10MAY  E  KE/JAXE6O
  3   KE 644 E 12JUN 3 SINICN HK1   2235 0555   13JUN  E  KE/JAXE6O
  4 AP SEL 1566-0014 - TOPAS TRAINING UNIVERSITY - A
  5 APM 010-2300-6579
  6 TK OK21JAN/SELK1394Z
  7 OPW SELK1394Z-15FEB:1900/1C7/KE REQUIRES TICKET ON OR BEFORE
        18FEB:1900/S2-3
  8 OPC SELK1394Z-18FEB:1900/1C8/KE CANCELLATION DUE TO NO
        TICKET/S2-3
```

```
FXP

01 KOO/SUN MS

LAST TKT DTE 06FEB19/23:59 LT in POS - SEE ADV PURCHASE
--------------------------------------------------------------
      AL FLGT  BK   DATE   TIME  FARE BASIS      NVB   NVA   BG
 SEL
 SIN KE    643 E   10MAY 1445   ELEVZRKS             10NOV 1P
 SEL KE    644 E   12JUN 2235   ELEVZRKS             10NOV 1P

KRW     610000       10MAY19SEL KE SIN271.95KE SEL271.95NUC
                     543.90END ROE1121.498215
KRW      16800-YR   XT KRW 9000-L7 KRW 5100-OP KRW 27300-SG
KRW      28000-BP
KRW      41400-XT
KRW     696200
```

2) FXP Option 조회

Entry	설 명
FXP	Published Fare 로 기본 조회
FXP/P1	승객 1번 운임 지정
FXP/S3	SEG 3번 운임 지정
FXP/PAX	성인과 소아 승객 운임 지정(유아 제외)
FXP/P2/RCH	승객 2번 소아 운임 지정
FXP/P2/RUNN	비동반 소아 운임 지정
FXP/INF	유아 운임 지정
FXP/RAD75	여행사직원 할인 운임 지정
FXP/P2/RAD50	승객 2번 여행사직원 배우자 운임 지정
FXP/P1/RSD//P2/RSC	승객 1번 학생운임과 승객 2번 선원운임 지정
FXP/P1-15/RGV	승객 1번에서 15번까지 단체 운임 지정
FXP/P16/RGV-CH	승객 16번 단체 소아 운임 지정
FXP/P17/RGV-CG00	승객 17번 단체 인솔자 할인 100% 운임 지정
FXP/VRW	세계일주 운임 지정
FXP/S3-7RW	SEG 3번부터 7번까지 세계일주 운임 지정
FXP/R,VC-KE	발권 항공사(Validating Carrier) 지정
FXP/B3	Fare Break Point SEG 3번 지정
FXP/N3	Fare Break Point SEG 3번 미지정
FXP/R,10FEB19	과거 발권일 지정
FXP/R,U	Nego Fare 지정
FXP/R,UP	Nego Fare & Published Fare 지정
FXP/P2/RCH,U	승객 2번 소아 Nego Fare 지정
FXP/P1/RAD75	승객 1번 여행사 직원 할인 운임 지정
FXP/L-ELEKS	ELEKS 운임 강제 지정(Fare Basis Override)
FXP/L2-ELEKS/L3-HLEKS	Line 2번과 3번 운임 강제 지정

10 Nego Fare PNR Pricing(FXP/R,U)

- 각 항공사의 Nego Fare를 자동으로 계산해 주는 기능이다.

1) Nego Fare 조회

FQDSELBKK/AKE/D20MAR/R, U → FQN1//FL

```
FQDSELBKK/AKE/D20MAR/R,U
MORE FARES AVAIL IN USD                     TAX MAY APPLY
ROE 1116.283752 UP TO 100.00 KRW            SURCHG MAY APPLY-CK RULE
20MAR19**20MAR19/KE SELBKK/NSP;EH/TPM  2286/MPM  2743
LN FARE BASIS      OW   KRW  RT   B PEN  DATES/DAYS     AP MIN MAXFR
01 QKE4ZSSP                 410000 Q   +  S01MAR   31MAR+14+  -    3MAR
                                          A25JAN B09FEB
02 UKE4ZSSP                 420000 U   +  S01MAR   31MAR+14+  -    3MAR
                                          A25JAN B09FEB
03 QKE4ZQSP                 430000 Q   +  S01MAR   31MAR+14+  -    3MAR
                                          A25JAN B09FEB
```

☞ KE는 우측의 A 표시가 Nego Fare임을 의미한다.

```
FQN1//FL
**  RULES DISPLAY   **                      TAX MAY APPLY
                                            SURCHG MAY APPLY-CK RULE
20MAR19**20MAR19/KE SELBKK/NSP;EH/TPM  2286/MPM  2743
LN FARE BASIS      OW   KRW  RT   B PEN  DATES/DAYS     AP MIN MAXFR
01 QKE4ZSSP                 410000 Q   +  S01MAR   31MAR+14+  -    3MAR
                                          A25JAN B09FEB
FCL: QKE4ZSSP   TRF: 884 RULE: DKS3 BK:   Q
PTC: ADT-ADULT                  FTC: XAP-ADVANCE PURCHASE EXCURSION
FL.FLT APPLICATION
BETWEEN SEL AND BKK FOR QKE4ZSSP TYPE FARES WITH FOOTNOTE 6K

  OUTBOUND -
  THE FARE COMPONENT MUST BE ON
     ONE OR MORE OF THE FOLLOWING
        KE FLIGHT 0659.
```

☞ SEL BKK 구간은 KE659편만 이용 가능하다.

2) Nego Fare 자동 계산

RT7952-4660 → FXP/R,U → FXT2

```
--- RLR ---
RP/SELK1394Z/SELK1394Z              AA/SU  29JAN19/1448Z   JZ8QVZ
7952-4660
  1.KOO/SUN MS
  2  KE 659 Q 20MAR 3 ICNBKK HK1   2010 0020   21MAR   E   KE/JZ8QVZ
  3  KE 660 Q 30MAY 4 BKKICN HK1   0950 1735   30MAY   E   KE/JZ8QVZ
  4 AP SEL 1566-0014 - TOPAS TRAINING UNIVERSITY - A
  5 TK OK29JAN/SELK1394Z
```

```
FXP/R,U

  * FARE BASIS *  DISC    *  PSGR      * FARE<KRW>  * MSG   *T
 01 QUE7ZRSP    *         * P1         *    559900  *       *Y
 02 QKE4ZSSP    *         * P1         *    509900  *       *Y
*1-2*NEGOTIATED FARES
```

☞ 운임번호가 여러 개인 경우 적용 운임의 2번 Line번호를 FXT2로 선택한다.

```
FXT2

 01 KOO/SUN MS

LAST TKT DTE 01FEB19/23:59 LT in POS - SEE ADV PURCHASE
-----------------------<NEGO>-----------------------------
       AL FLGT  BK    DATE   TIME   FARE BASIS       NVB  NVA   BG
  SEL
  BKK KE   659  Q    20MAR 2010   QKE4ZSSP               20JUN 1P
  SEL KE   660  Q    30MAY 0950   QKE4ZSSP               20JUN 1P

KRW    410000       20MAR19SEL KE BKK183.64KE SEL183.64NUC
                    367.28END ROE1116.283752
KRW     43200-YR    XT KRW 1300-E7 KRW 1300-E7 KRW 600-G8 KRW
KRW     28000-BP    600-G8 KRW 24900-TS
KRW     28700-XT
KRW    509900
TOUR/CAR-VC:9SDQNIEHAS
```

TOPAS Sellconnect
Fare & Ticketing
Practice

항공운임의
구분

1 항공운임의 개요

- 국제선 항공 운임은 일반적으로 승객의 여행 조건을 기준으로 준수해야 하는 여러 제한사항에 따라 정상운임과 특별운임으로 구분된다.
- 정상운임은 대체적으로 여행 조건에 제한사항이 없으며 특별운임은 체류기간, 사전 발권, 사용시기 등의 여러 제한사항이 있는 경우가 대부분이다.

2 정상운임 (Normal Fare)

- 사용시기(Seasonality : Low Season , Shoulder Season , High Season) 와 주중/주말 조건 이외에 제한사항이 없는 정상운임이다.
- KE의 대표적인 운임(Fare Basis)으로는 Y, CX, CW, JX, JW, F, P 등이 있다.

1) 정상운임 조회(KE)

FQDSELLON/AKE/IL, X, R/R, −NML

```
FQDSELLON/AKE/IL,X,R/R,-NML
ROE 1121.498215 UP TO 100.00 KRW
03FEB19**03FEB19/KE SELLON/NML;TS/TPM  5646/MPM  8366
LN FARE BASIS     OW    KRW   RT  B PEN  DATES/DAYS    AP MIN MAX R
01 YRT                 3488500  Y  +    -      -    + -   - M
02 CXRT                6489200  C  +    -  12345+ - -   - M
03 CWRT                6789200  C  +    -     67+ - -   - M
04 JXRT                7138200  J  +    -  12345+ - -   - M
05 JWRT                7438200  J  +    -     67+ - -   - M
06 FRT                10261100  F  +    -      -    + -   - M
07 PRT                11660300  P  +    -      -    + -   - M
```

2) 정상운임 적용한 항공권의 유효 기간

- 첫 구간은 발권일로부터 1년 이내에 사용
- 잔여 구간은 첫 구간 출발일로부터 1년 이내에 사용

발권일 : 5월 25일 발권	**1** KE 907 Y 10JUN 1 ICNLHR DK1 1050 1720 10JUN E 0 77W DL SEE RTSVC 2 KE 908 Y 20APR 7 LHRICN DK1 1935 1435 21APR E 0 388 DB
유효 기간	① 발권 후 원래대로 6월 10일 출발 잔여 구간: 6월 10일 (내년)

	② 발권 후 6월 10일 출발 못하고, 추 후 사용
	   ⓐ 첫 구간: 5월 25일 (내년)
	   ⓑ 잔여 구간 (첫 구간 9월 10일 사용): 9월 10일 (내년)

3 특별운임

- 승객의 여행조건 및 신분에 따라 정상운임보다 저렴한 운임으로 구성되어 있다.
- 특별운임은 항공사별, 지역별로 다양한 종류의 운임을 사용하고 있으며 여행조건 과 관련된 다음과 같은 제한 조건을 가지게 된다.

① 사용시기(Seasonality)

② 주중/주말(Midweek/Weekend)

③ 최소 체류기간(Minimum Stay)

④ 최대 체류기간(Maximum Stay)

⑤ Stopover 및 Transfer 허용여부 및 가능 횟수

⑥ 여정 변경 가능여부 및 환불 제한(Penalty)

⑦ 사전발권(Advance Purchase)

1) 특별운임 조회(KE)

FQDSELLON/AKE/IL, X, R/R, -SPL

```
FQDSELLON/AKE/IL,X,R/R,-SPL
ROE 1121.498215 UP TO 100.00 KRW
03FEB19**03FEB19/KE SELLON/SPL;TS/TPM  5646/MPM  8366
LN FARE BASIS      OW    KRW RT   B PEN   DATES/DAYS     AP MIN MAX R
01 ELX0ZRMK              1400000 E  +      -      12345+  + -  12M R
                                          S01NOV  31MAR
02 ELW0ZRMK              1500000 E  +      -         67+  + -  12M R
                                          S01NOV  31MAR
03 HLX0ZRMK              1600000 H  +      -      12345+  - -  12M R
                                          S01NOV  31MAR
04 ELX0ZRM1              1650000 E  +      -      12345+  + -  12M R
                                          S01NOV  31MAR
05 HLW0ZRMK              1700000 H  +      -         67+  - -  12M R
                                          S01NOV  31MAR
```

2) 특별운임 조회(TG)

> FQDSELBKK/ATG/D10JUN/IL, X, R/R, -SPL

```
FQDSELBKK/ATG/D10JUN/IL,X,R/R,-SPL
ROE 1121.498215 UP TO 100.00 KRW
10JUN19**10JUN19/TG SELBKK/SPL;EH/TPM  2286/MPM  2743
   STAR ALLIANCE RTW AUTOPRICING AVAILABLE NOW
* THAI AIRWAYS** R-T-W FARE/MISC. SEE INFO NOTE TG/0001*
* VISIT THAI INTERNET HOMEPAGE -HTTP://WWW.THAIAIRWAYS.COM
LN FARE BASIS     OW   KRW RT   B PEN  DATES/DAYS   AP MIN MAX R
01 W1LAKR              350200 W   -  S07JUN  30JUN+14  2+  1M+R
                                     A01NOV B31MAR
                                     O30SEP   -
02 V1LYKR              391400 V   -  S07JUN  30JUN+ -  2+  1M+R
                                     A01NOV B31MAR
                                     O30SEP   -
03 K1LYKR              412000 K   -  S07JUN  30JUN+ -  2+  3M+R
                                     A01NOV B31MAR
```

☞ 1번 운임의 제한사항은 14일전 사전발권, 최소 체류기간 2일, 최대 체류기간 1개월
  을 확인할 수 있다. (자세한 규정은 FQN으로 확인 필요)

> FQN1//AP

```
FQN1//AP
**  RULES DISPLAY  **
10JUN19**10JUN19/TG SELBKK/SPL;EH/TPM  2286/MPM  2743
LN FARE BASIS     OW   KRW RT   B PEN  DATES/DAYS   AP MIN MAX R
01 W1LAKR              350200 W   -  S07JUN  30JUN+14  2+  1M+R
                                     A01NOV B31MAR
                                     O30SEP   -
FCL: W1LAKR    TRF:   8 RULE: KR03 BK:  W
PTC: ADT-ADULT              FTC: XAP-ADVANCE PURCHASE EXCURSION
AP.ADVANCE RES/TKT

   RESERVATIONS ARE REQUIRED FOR ALL SECTORS.
   WAITLIST NOT PERMITTED.
   TICKETING MUST BE COMPLETED AT LEAST 14 DAYS BEFORE
   DEPARTURE.
```

3) 특별운임의 항공권 유효 기간

• 승객의 여 특별운임의 경우 해당 규정에 따라 유효 기간이 다르며 최대/최소 체류 기간을 함께 제한하는 경우가 대부분이다.

• 항공권은 유효 기간 만료일 자정까지 유효하며 마지막 구간 여정의 출발 도시를 기준으로 만료일 자정 이전까지만 개시하면 된다.

일(Day) 규정과 월(Month)규정의 유효 기간 계산 방법	
구 분	유효 기간
Day 규정	① 15일의 유효 기간 운임 적용 ☞ 5월 10일 출발 + 15일 → 5월 25일 유효 기간
Month 규정	② 1개월의 유효 기간 운임 적용 ⓐ 출발일로부터 유효 기간 만료 월의 동일일자까지 유효 ☞ 2월 10일 출발 → 3월 10일 유효 기간 ⓑ 말일은 유효 기간 만료 월의 말일까지 유효 ☞ 2월 28(29)일 출발 → 3월 31일 유효 기간

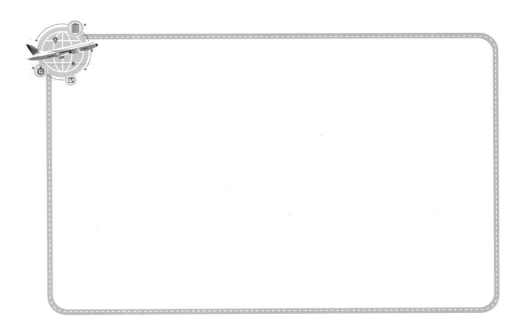

연습문제

1 아래 조건에 맞는 가장 저렴한 운임을 조회하여, 해당 운임의 규정을 확인하시오.

1) 조건 : SEL/BKK, TG 항공, 6월 10일 출발, 왕복운임, 2개월 체류

☞ FQDSELBKK/ATG/D10JUN/IL,X,R

2) 적용 운임 :   BKG CLS :

규정 적용	Entry	규정 설명
① 최소 체류기간 (현지 BKK에서 출발가능한 날짜)		
② 최대 체류기간(항공권 유효 기간)		
③ 사전 발권		
④ 어린이 할인 / 유아할인		
⑤ 도중체류		
⑥ 예약 변경 (CHANGES)		
환불 (CANCELLATIONS)		

2 아래 조건에 맞는 가장 저렴한 운임을 조회하여, 해당 운임의 규정을 확인하시오.

1) 조건 : SEL/DXB,　　EK 항공,　　6월 15일 출발, 왕복운임, 3개월 체류

2) 적용 운임 :　　　　　　　　　　　BKG CLS :

규정 적용	Entry	규정 설명
① 최소 체류기간		
② 최대 체류기간		
③ 주중 요일		
④ 어린이 할인 / 유아할인		
⑤ 예약 변경(CHANGE)		
⑥ 환불(CANCELLATION)		

4) Stopover / Transfer

① Stopover(도중체류)	해당도시에서 24시간 초과해서 체류
② Transit(경유)	해당도시에서 24시간 이내 체류 (도시 앞에 X/마크 있는 경우)
③ Transfer(환승)	시간 관계없이 환승 (횟수 : Stopover 횟수 + Transit 횟수)

SEL
HKG
X/BKK
PAR --
LON
JKT
X/SIN
SEL

횟 수	Out Bound	In Bound	합 계
S/O	HKG 1회	JKT 1회 LON 1회	3회
T/S	BKK 1회	SIN 1회	2회
T/F	2회	3회	5회

① 예제

SEL
X/TPE
HAN
KUL
DXB --
BKK
X/MNL
SEL

횟 수	O/B	I/B	합 계
S/O			
T/S			
T/F			

② 예제

SEL
TYO
LAX
YTO --
　X
NYC --
HNL
X/OSA
PUS

횟 수	O/B	I/B	합 계
S/O			
T/S			
T/F			

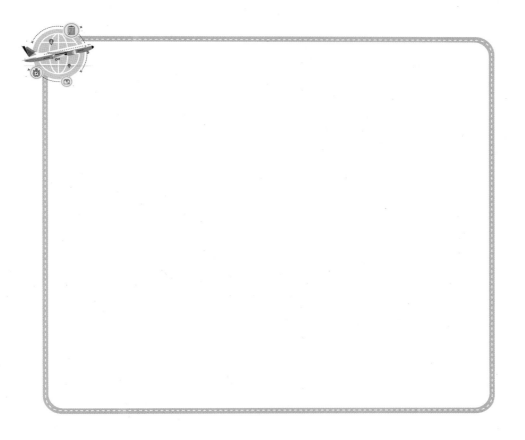

 **4** **할인운임**

- 나이나 신분에 의해서 할인되는 운임으로 일반 규정은 다음과 같다.

1) 유아운임(IN)

① 적용대상

- 최초 출발일 기준 14일이상 만 2세미만의 좌석을 비 점유하는 승객(보호자 동반)
- 최소나이는 항공사별로 상이(KE, OZ은 만 7일이상)

② 운임 수준 : 성인운임의 10% 적용

③ 무료수하물 허용량 : 항공사마다 규정이 상이하므로 확인 필요

④ 국내선 구간의 운임 규정은 국가마다 상이(한국/미국/캐나다 내의 국내선 운임 무료)

FQPSEL/AKECJU/RIN → FQH2

```
FQPSEL/AKECJU/RIN

 * FARE BASIS *  DISC    *  PTC     * FARE<KRW>  * MSG  *T
01 C          * IN      * 1        *         0  *RB    *N
02 Y          * IN      * 1        *         0  *RB    *N
```

```
FQH2


  FCP  AL  BK TPM    MPM    EMA  EMS R GI CC  NVB   NVA     BG
  SEL
  CJU  KE  Y                      R EH KE      03FEB  0P
 FARE BASIS:Y/IN            AMOUNT IN KRW:            0

 TOTAL FARE CALCULATION:                              0
 TOTAL:                                               0
```

⑤ 유아 자동운임 조회

FQPSEL/AKESINSEL/RIN → FQH7

```
FQPSEL/AKESINSEL/RIN

 * FARE BASIS  *  DISC   *  PTC      *  FARE<KRW>  * MSG  *T
01  PRT         * IN      * 1         *    329100   *RB    *N
02  FRT         * IN      * 1         *    289700   *RB    *N
03  JRT         * IN      * 1         *    241400   *RB    *N
04  CRT         * IN      * 1         *    219400   *RB    *N
05  YRT         * IN      * 1         *    151300   *RB    *N
06  YRTKE       * IN      * 1         *    151300   *RB    *N
07  EHEVZRKS    * IN      * 1         *     83000   *RB    *N
```

코 드	설 명	코 드	설 명
FARE BASIS	운임의 종류	FARE	운임
DISC	Discount Code	MSG	Message Code
PTC	Passenger Type Code	T	Tax 포함여부(N : 불포함)

```
FQH7


    FCP  AL  BK TPM    MPM    EMA   EMS R GI CC   NVB   NVA      BG
    SEL
    SIN  KE  E                      R EH KE       03AUG   1P
 FARE BASIS:EHEVZRKS/IN90    AMOUNT IN NUC:              37.00
    SEL  KE  E                      R EH KE       03AUG   1P
 FARE BASIS:EHEVZRKS/IN90    AMOUNT IN NUC:              37.00

 TOTAL FARE CALCULATION:                                74.00
 ROE: 1121.498215            FARE KRW:                  83000
 TOTAL:                                                 83000
```

☞ IN90은 Infant의 할인율이 90%이므로 10%적용됨을 의미한다.

2) 소아운임(CH)

① 적용대상

- 최초 출발일 기준 만 2세이상부터 만 12세 미만으로 성인 보호자가 동반하는 승객

② 운임 수준 : 성인운임의 75% 적용

③ 무료수하물 허용량 : 성인과 동일

④ 항공사, 지역, 운임에 따라 할인이 불가한 경우가 있으므로 규정을 체크해야 한다.

⑤ 소아 자동운임 조회

FQPSEL/AKESINSEL/RCH → FQH7

```
FQPSEL/AKESINSEL/RCH

  * FARE BASIS *  DISC    *  PTC      *  FARE<KRW>  * MSG  *T
 01 PRT        *  CH      *  1        *  3375100    *RB    *Y
 02 FRT        *  CH      *  1        *  2980300    *RB    *Y
 03 JRT        *  CH      *  1        *  1894000    *RB    *Y
 04 CRT        *  CH      *  1        *  1729500    *RB    *Y
 05 YRT        *  CH      *  1        *  1218600    *RB    *Y
 06 YRTKE      *  CH      *  1        *  1218600    *RB    *Y
 07 EHEVZRKS   *  CH      *  1        *   706600    *RB    *Y
```

```
FQH7


  FCP  AL  BK TPM    MPM    EMA    EMS R GI CC   NVB    NVA     BG
  SEL
  SIN  KE  E                          R EH KE           03AUG   1P
 FARE BASIS:EHEVZRKS/CH25    AMOUNT IN NUC:              277.53
  SEL  KE  E                          R EH KE           03AUG   1P
 FARE BASIS:EHEVZRKS/CH25    AMOUNT IN NUC:              277.53

 TOTAL FARE CALCULATION:                                555.06
 ROE: 1121.498215                    FARE KRW:          622500
 TAX: YRVA          16800    BPDP            28000
      L7DE           9000    OPAE             5100
      SGAD          25200
 TOTAL:                                                 706600
```

☞ CH25의 표기는 25% 할인이 적용됨을 의미(성인운임의 75% 적용)

⑥ 소아운임 할인 미 적용 사례

FQPSEL/AKEPARSEL/RCH → FQH4

```
FQPSEL/AKEPARSEL/RCH

 * FARE BASIS *  DISC    *  PTC       *  FARE<KRW>  * MSG   *T
01 PRT        *  CH      *  1         *  11805800   *RB     *Y
02 FRT        *  CH      *  1         *  10406600   *RB     *Y
03 JWRT       *  CH      *  1         *   7583700   *RB     *Y
04 CWRT       *  CH      *  1         *   6934700   *RB     *Y
05 YRT        *  CH      *  1         *   2710100   *RB     *Y
06 ELW0ZRMK   *  CH      *  1         *   1218700   *RB     *Y
```

```
FQH4



 FCP  AL  BK TPM    MPM     EMA   EMS R GI CC  NVB   NVA    BG
 SEL
 PAR  KE  C  5626   8342            M TS KE          03FEB  2P
FARE BASIS:CWRT/CH00         AMOUNT IN NUC:          3026.84
 SEL  KE  C  5626   8342            M TS KE          03FEB  2P
FARE BASIS:CWRT/CH00         AMOUNT IN NUC:          3026.84

TOTAL FARE CALCULATION:                             6053.68
ROE: 1121.498215                    FARE KRW:        6789200
TAX: YRVA           33600    BPDP             28000
     IZEB           57600    FRSE             10400
     FRTI           15900
TOTAL:                                              6934700
```

☞ DISC항목에 CH 할인코드는 있으나 4번의 운임내역에 CH00으로 할인율 0% 반영됨.

FQN4-1//CD (Child Discount Rule 조회)

```
FQN4-1//CD

 4 - PTC 1 CH                                    RULES DISPLAY
FARE COMPONENT  1    CNN SELPAR KE   CWRT      PU 1 N
FCL: CWRT      TRF:  44 RULE: 5000 BK:  C
PTC: CNN-CHILD                FTC: BU -BUSINESS UNRESTRICTED
CD.CHILD DISCOUNTS
FOR CWRT TYPE FARES

   ACCOMPANIED CHILD 2-11 - CHARGE 100 PERCENT OF THE FARE.
      TICKET DESIGNATOR - CH AND PERCENT OF DISCOUNT.
    MUST BE ACCOMPANIED ON ALL FLIGHTS IN SAME COMPARTMENT
         BY ADULT 18 OR OLDER.
```

☞ 만 2세에서 11세까지 성인과 동반하는 소아는 운임의 100% 징수 규정 확인

3) 비동반 소아운임(UM : Unaccompanied Minor)

① 적용대상

- 최초 출발일 기준 만 5세이상에서 만 12세 미만의 승객으로 성인 보호자 없이 혼자 여행하는 승객 또는 동반소아이나 성인과 다른 Cabin Class를 탑승하는 경우 적용

② 운임 수준 : 성인운임의 100% 적용

③ 무료수하물 허용량 : 성인과 동일

④ 구비 서류 : 운송신청서 및 서약서(지역별로 상이할 수 있음)

⑤ 주의사항

- 만 5세 미만의 어린이는 UM으로 운송 불가
- 사전 예약이 필요하며 특수예약과의 사전 승인 필수
- 확약된 예약 필수
- 출발지, 도착지의 보호자 연락처 필수입력

4) 여행사 직원 할인운임(AD : Agent Discount)

① 적용대상

- 항공사와 계약을 체결한 여행사의 직원 및 그 배우자

② 운임 수준 : 본인은 적용 가능한 운임의 25%, 배우자는 50% 적용

③ 무료수하물 허용량 : 성인과 동일

④ 유효 기간 : 항공권 발행일로부터 3개월이며 첫 구간은 발행 년도 내에 사용해야 한다.

⑤ 여행사 직원 할인운임 조회

```
FQPSEL/AKESINSEL/RAD75(직원)   → FQH6
FQPSEL/AKESINSEL/RAD50(배우자)  → FQH6
```

```
FQPSEL/AKESINSEL/RAD75


  * FARE BASIS *  DISC   *  PTC      *  FARE<KRW>  * MSG  *T
 01 PRT        * AD75   * 1        *     906900  *RB    *Y
 02 FRT        * AD75   * 1        *     808200  *RB    *Y
 03 JRT        * AD75   * 1        *     687400  *RB    *Y
 04 CRT        * AD75   * 1        *     632600  *RB    *Y
 05 YRT        * AD75   * 1        *     462300  *RB    *Y
 06 YRTKE      * AD75   * 1        *     462300  *RB    *Y
```

```
FQH6


   FCP   AL  BK TPM    MPM    EMA   EMS R GI CC  NVB   NVA      BG
   SEL
   SIN   KE  Y                        R EH KE    03FEB    1P
 FARE BASIS:YRTKE/AD75          AMOUNT IN NUC:         168.59
   SEL   KE  Y                        R EH KE    03FEB    1P
 FARE BASIS:YRTKE/AD75          AMOUNT IN NUC:         168.59

 TOTAL FARE CALCULATION:                            337.18
 ROE: 1121.498215                 FARE KRW:         378200
 TAX: YRVA          16800    BPDP           28000
      L7DE           9000    OPAE            5100
      SGAD          25200
 TOTAL:                                             462300
```

☞ AD75의 표기는 75% 할인율이 적용됨을 의미한다.

5) 단체 인솔자 할인 운임

① 적용 대상

  • 단체 운임을 적용하는 구성원이 16명 이상인 경우 1명에 대해서 100% 할인

② 유럽지역과 남서태평양 지역은 단체 인솔자 할인이 적용되지 않는다.

③ 단체 인솔자 할인 운임 조회

FQPSEL/AKE/D10AUGHKGSEL/RGV-CG00 → FQH8

```
FQPSEL/AKE/D10AUGHKGSEL/RGV-CG00

 *  FARE BASIS *   DISC    *  PTC        *  FARE<KRW>  * MSG    *T
01  PRT         *          *  1          *    2163100  *RB     *Y
02  FRT         *          *  1          *    1913700  *RB     *Y
03  JRT         *          *  1          *    1609900  *RB     *Y
04  CRT         *          *  1          *    1471100  *RB     *Y
05  DNE3ZRKC    *          *  1          *    1332500  *RB     *Y
06  YRT         *          *  1          *    1019200  *RB     *Y
07  EHEVZRKC    *          *  1          *     624600  *RB     *Y
08  GHGV10      * CG00     *  1          *      74600  *RB     *Y
```

```
FQH8


 FCP   AL  BK TPM    MPM    EMA  EMS R GI CC   NVB   NVA      BG
 SEL
 HKG   KE  G  1295   1554           M EH KE       25AUG     1P
FARE BASIS:GHGV10/CG00       AMOUNT IN NUC:           0.00
 SEL   KE  G  1295   1554           M EH KE 12AUG25AUG    1P
FARE BASIS:GHGV10/CG00       AMOUNT IN NUC:           0.00

TOTAL FARE CALCULATION:                              0.00
ROE: 1121.498215                    FARE KRW:            0
TAX: YRVA           9600    BPDP            28000
     HKAE          17100    G3RE            12800
     I5SE           7100
 TOTAL:                                            74600
```

☞ Fare는 100% 할인되었고 Tax만 징수한다.

TOPAS Sellconnect
Fare & Ticketing
Practice

Chapter

04

항공 운임
계산

1 항공 운임계산 방법

- 항공 운임을 계산하는 경우는 다음과 같이 두 가지 방법을 이용한다.

1) Routing System

① 지정된 경유지

② 지정된 항공사

③ 해당항공사의 지정된 Booking Class

☞ 위 3가지 조건을 준수하면 출발지에서 목적지까지의 운임을 그대로 적용한다.

2) Mileage System

- 승객이 이용하는 구간의 실제 거리에 의해 운임을 적용한다.

3) 운임 조회로 운임 계산 방법 확인

```
FQDSELCAI/AKE/IL,X
ROE 1116.283752 UP TO 100.00 KRW
23JAN19**23JAN19/KE SELCAI/NSP;EH/TPM  5246/MPM  6289
LN FARE BASIS      OW    KRW RT  B PEN   DATES/DAYS     AP MIN MAX R
01 EHE0ZRMK               1500000 E  +  S22DEC  28FEB+  +  -  12M R
02 HHE0ZRMK               1650000 H  +  S22DEC  28FEB+  -  -  12M R
03 MHE0ZRMK               1950000 M  +  S22DEC  28FEB   -  -  12M R
04 BHE0ZRMK               2250000 B  +  S22DEC  28FEB   -  -  12M R
05 MHE00RMK   1268000             M  +  S22DEC  28FEB   -  -   -  R
06 YRT                    2900000 Y  +    -       -     -  -   -  M
07 BHE00RMK   1463000             B  +  S22DEC  28FEB   -  -   -  R
08 YOW        1595000             Y  +    -       -     -  -   -  M
```

☞ 우측의 R은 Routing System으로 계산하는 운임을 의미한다.

☞ 우측의 M은 Mileage System으로 계산하는 운임을 의미한다.

 **Routing System**

1) Routing System 개념

- Routing System은 승객이 여행하는 거리와 관계없이 공시되어 있는 Routing을 준수하면 출발지에서 목적지까지의 운임을 그대로 징수하는 운임 계산 방법이다.
- Routing System은 다음과 같은 조건을 모두 준수해야 한다.
① 지정된 경유 도시
② 지정된 항공사
③ 지정된 항공사의 Booking Class

2) Routing System 적용방법

① 출발지에서 목적지까지 Routing Fare 공시 여부를 확인한다.(FQD)
② Route Map을 조회하여 승객의 여정이 Route Map 조건에 맞는지 확인한다.(FQR)
③ 해당 항공사의 Booking Class를 확인한다.(GGAIRKECLSCX : CX는 항공사 코드)
④ 상기 조건을 모두 충족하는 경우 출발지에서 목적지간 운임을 그대로 사용한다.

3) Routing System 특성

① Routing Fare 적용 시 EMS, HIP등의 Mileage System 관련 규정은 실시하지 않는다.
② Route Map은 한쪽 방향으로 공시되어 있지만 반대 방향으로도 적용 가능하다.
③ Route Map은 중간 경유 지점은 생략될 수는 있으나 추가될 수는 없다.
④ Routing은 반드시 공시된 항공사를 이용해야 하며, 여러 항공사가 공시된 경우에는 승객 임의로 선택하여 이용할 수 있다.

4) 편도여정 Routing System 실습

• 조건 : 오늘출발, 성인, 가장 저렴한 운임으로 계산하시오.

실습 문제1	① 출발지에서 목적지까지 운임을 조회한다.
적용 Fare Basis :	② Routing 운임 공시되어 있는지 체크한다.
	③ Route Map 확인하여 경유도시와 항공사 체크한다.
SEL	④ 외항사의 Booking Class를 조회한다.
DXB KE	⑤ FQP Option을 실행한다.
CAI -- ?	⑥ 해당운임을 FQH로 조회하여 운임을 확인한다.

① 출발지에서 목적지까지의 운임을 조회하여 Routing 운임이 있는지 확인한다.

FQDSELCAI/AKE/IL, X, O/R,NUC

```
FQDSELCAI/AKE/IL,X,O/R,NUC
ROE 1351.671729 UP TO 100.00 KRW
16MAY24**16MAY24/KE SELCAI/NSP;EH/TPM  5237/MPM  6300
LN FARE BASIS    OW   NUC   RT    B PEN   DATES/DAYS    AP MIN MAX R
01 ULE00FMK     524.53           U +   S01APR  12SEP+  + -  -  R
                                       A04MAY B31MAY
                                       O31MAY    -
02 LLE00FMK     633.43           L +   S01APR  12SEP+  + -  -  R
                                       A04MAY B31MAY
                                       O31MAY    -
03 KLE00FMK     750.77           K +   S01APR  12SEP+  + -  -  R
                                       A04MAY B31MAY
                                       O31MAY    -
04 ELE00RMK     932.17           E +   S01APR  12SEP+  + -  -  R
```

☞ 가장 저렴한 1번 라인의 운임이 Routing System으로 계산하는 것을 확인할 수 있다.

② Route Map을 조회하여 승객의 여정이 Route Map의 조건에 맞는지 확인한다.

FQR1 　(1: 운임 Line번호)

```
FQR1
ROE 1351.671729 UP TO 100.00 KRW
16MAY24**16MAY24/KE SELCAI/NSP;EH/TPM  5237/MPM  6300
LN FARE BASIS     OW    NUC   RT   B PEN  DATES/DAYS   AP MIN MAX R
01 ULE00FMK      524.53             U +  S01APR 12SEP+ + -   - R
                                         A04MAY B31MAY
                                         O31MAY    -
ADDON         SPECIFIED  KE9302  ADDON          EFF23DEC23
  1 * SEL-DXB/BKK-MS-CAI
```

☞ 가장 저렴한 1번 Line 운임의 Routing을 확인하니 Route Map이 보여진다.

☞ SEL에서 KE를 탑승하여 DXB 또는 BKK을 경유해서 MS 항공을 이용하여 CAI까지 이용 가능하다.

☞ 승객은 DXB를 거쳐 목적지 CAI까지 가므로 1번 라인의 운임을 적용할 수 있다.

③ 해당 항공사인 외항사의 Booking Class를 확인한다.(KE 발권인 경우)

GGAIRKECLSMS 　(MS : 조회하고자 하는 항공사 코드)

```
>  GGAIRKECLSMS

                      CLS MS              EN  17JUL20 0710Z
-----------------------------------------------------------------
* EGYPT AIR *

* WARNING : 1. PENALTY APPLIES FOR ALL OTHER BKG CLS
 * NOTE : 1. REFER TO AUTO PRICING FOR C/S AND OTHER SECTORS
          2. BKG CLS PRIORITY IS FROM LEFT TO RIGHT
```

```
* EFF : 2020.2.10 - (BASED ON TICKEING DATE)

  1. BUSINESS CLS
    - INTERNATIONAL SECTORS : J
    - DOMESTIC SECTORS      : D

  2. ECONOMY CLS : W - E
    - CAI-BUD     : W - E - Q
    - CAI-IST/DXB : W - E - K - Q

  3. GRP (10 OR MORE) : G (CAI-IST/DXB/AMM/BUD)
```

☞ 승객이 이용하는 DXB/CAI 구간의 MS Booking Class는 W-E-K-Q 이다.

☞ Booking Class는 좌측부터 이용해야 하므로 먼저 W Class를 예약하고 W의 좌석이 없는 경우 E를, E가 없으면 K, K가 없으면 Q Class로 예약해야 한다.

🍎 Class 조회 시의 약어 설명

FIRST CLASS FARE	일등석 운임
PR CLASS FARE(Prestige Class Fare)	우등석 운임(Business Class)
EY CLASS FARE(Economy Class Fare)	일반석 운임
NML(Normal Fare)	정상운임
SPCL(Special Fare) EXCN/PEX	특별운임 ☞ 제한조건이 있는 저렴한 운임

④ 자동 운임 계산

FQPSEL/AKEDXB/AEKCAI → FQH5

```
FQPSEL/AKEDXB/AMSCAI

 *  FARE BASIS *  DISC    *  PTC        *  FARE<KRW> *  MSG   *T
01  JOW        *          *  1          *    4053900 *RB      *Y
02  COW        *          *  1          *    3998900 *RB      *Y
03  DNE00RDK   *          *  1          *    3293900 *RB      *Y
04  YOW        *          *  1          *    2197900 *RB      *Y
05  ULE00FMK   *          *  1          *     981900 *RB      *Y
```

☞ 가장 저렴한 5번 Line의 운임을 세로로 조회한다. (FQH5)

```
FQH5



 FCP   AL BK TPM   MPM   EMA  EMS R GI CC  NVB  NVA      BG
 SEL
 DXB   KE U                                               1P
 CAI   MS W                  R EH KE        16MAY         2P
 FARE BASIS:ULE00FMK        AMOUNT IN NUC:        524.53

 TOTAL FARE CALCULATION:                          524.53
 ROE: 1351.671729           FARE KRW:             709000
```

☞ 적용 Fare Basis는 ULE00FMK이며, 중앙의 R 표시는 Routing System을 적용해서
   운임계산함.
☞ NUC는 524.53이며 FARE는 KRW 709000원임을 확인할 수 있다.

⑤ 결과

운임 계산 내역	구간의 항공사와 Booking Class
적용 Fare Basis : ULE00FMK SEL DXB KE R CAI -- MS 524.53 NUC 524.53 KRW 709000	ⓐ KE SEL/DXB 구간 U Class ⓑ DXB/CAI 구간의 항공사와 Class ☞ MS : W-E-K-Q Class

5) 왕복여정 Routing System 실습

(1) 조건 : 6월 15일 출발, 4개월 체류 예약 완료 3일이내 발권, 가장 저렴하게 계산

실습 문제2	
SEL BKK KE HYD -- CMB SEL KE	① 출발지에서 목적지까지 운임 조회 ② Routing 조회 ③ 외항사의 Booking Class 조회 ④ FQP ⑤ FQH

① 출발지에서 목적지까지 운임 조회

FQDSELHYD/AKE/D15JUN/IL,X,H/R,NUC

```
FQDSELHYD/AKE/D15JUN/IL,X,H/R,NUC
ROE 1351.671729 UP TO 100.00 KRW
15JUN24**15JUN24/KE SELHYD/NSP;EH/TPM ...../MPM  3996
LN FARE BASIS      OW    NUC  RT  B PEN  DATES/DAYS    AP MIN MAX R
01/TLE7ZFKT              233.04  T  +  S07JUN  02JUL+ 7+ -   3M R
                                       A16MAY B31MAY
02/QLE7ZFKT              266.33  Q  +  S07JUN  02JUL+ 7+ -   3M R
                                       A16MAY B31MAY
03/QLEVZFKT              295.92  Q  +  S07JUN  02JUL+  + -   3M R
                                       A16MAY B31MAY
04/ULE7ZFKT              340.31  U  +  S07JUN  02JUL+ 7+ -   3M R
                                       A16MAY B31MAY
05/ULEVZRKT              421.70  U  +  S07JUN  02JUL+  + -   3M R
06/LLEVZRKT              451.29  L  +  S07JUN  02JUL+  + -   6M R
07/KLEVZRKT              480.88  K  +  S07JUN  02JUL+  + -   6M R
08/ELEVZRKT              528.97  E  +  S07JUN  02JUL+  + -   6M R
09/HLE0ZRKT              573.36  H  +  S07JUN  02JUL+  - -   6M R
```

☞ 승객의 여정은 4개월 체류이며, 예약완료 3일 이내 발권이 가능하므로 6번 운임의
Routing 조건에 맞다면 적용 가능하다. 따라서 Routing 체크가 필요하다.

② Routing 조회

FQR6

```
FQR6
ROE 1351.671729 UP TO 100.00 KRW
15JUN24**15JUN24/KE SELHYD/NSP;EH/TPM ...../MPM  3996
LN FARE BASIS      OW    NUC  RT  B PEN  DATES/DAYS    AP MIN MAX R
06/LLEVZRKT              451.29  L  +  S07JUN  02JUL+  + -   6M R
ADDON          SPECIFIED KE6000  ADDON KE6002  EFF05MAR24
  1 * SEL-BKK/KUL-TG/MH-HYD
  2 * SEL-SIN-SQ-HYD
  3 * SEL-CMB/DEL-AI/UK-HYD
```

☞ 윗 마디 SEL - BKK - HYD는 TG/MH 로, 아랫마디 SEL - CMB - HYD는 AI/UK
로 Routing이 가능하다.

☞ BKK - HYD 구간은 TG로, CMB - HYD 구간은 MH로 Booking Class를 확인해
보고자 한다.

③ 외항사의 Booking Class 조회

GGAIRKECLSTG

```
>  GGAIRKECLSTG

                         CLS TG                  EN   3APR23 0445Z
        ----------------------------------------------------------------
        * THAI INTERNATIONAL AIRWAYS *

        ** WARNING : 1. PENALTY APPLIES FOR ALL OTHER BKG CLS
                     2. FOR TG FLT SERIES 1000-9999 OPRTD BY WE(THAI SMILE)
                        ARE NOT ALLOWED ON KE STOCK
        ** NOTE : 1. REFER TO AUTO PRICING FOR C/S FLTS AND OTHER SECTORS
                  2. BKG CLS PRIORITY IS FROM LEFT TO RIGHT
        ----------------------------------------------------------------


        ** EFF : 2023.4.10 ~   (BASED ON TKTG DATE)

        1. PR FARE (KE FARE CLS : TG RBD)

          - J/C  FARE : J

        2. EY FARE (KE FARE CLS : TG RBD)

          - Y/B  FARE : S / K / T
          - M    FARE : S / K
          - S/H/E/K/L/U FARE : S
```

☞ KE의 SEL-BKK구간은 L Class를 적용하므로 TG의 BKK-HYD 구간은 S Class를 적용한다.

GGAIRKECLSAI

```
>  GGAIRKECLSAI

                        CLS AI                 EN  16JUL20 0520Z
------------------------------------------------------------------
* AIR INDIA *

* WARNING : 1. PENALTY APPLIES FOR ALL OTHER BKG CLS
* NOTE : 1. REFER TO AUTO PRICING FOR C/S AND OTHER SECTORS
         2. BKG CLS PRIORITY IS FROM LEFT TO RIGHT
------------------------------------------------------------------
 * EFF : 2013.10.15-  (BASED ON TICKETING DATE)

 1. PR CLASS FARE : J

 2. EY CLASS FARE

   1) INTERNATIONAL SECTORS : G - W - V
   2) DOMESTIC SECTORS : G
```

☞ CMB/HYD 구간은 국제선이므로 G-W-V Class를 적용한다.

④ 자동 운임 계산

FQPSEL/AKE/D15JUNBKK/ATGHYD/AAICMB/AKE/D15OCTSEL → FQH5

```
FQPSEL/AKE/D15JUNBKK/ATGHYD/AAICMB/AKE/D15OCTSEL

 * FARE BASIS *  DISC    * PTC      * FARE<KRW> * MSG  *T
01 CRT+JRT     *        * 1        *  5192200  *RB   *Y
02 CRT         *        * 1        *  5192200  *RB   *Y
03 YRT         *        * 1        *  3439900  *RB   *Y
04 MLE0ZRKT+*  *        * 1        *  2005200  *RB   *Y
05 LLEVZRKT    *        * 1        *  1730200  *RB   *Y
```

☞ 5번 라인의 L Class 운임을 선택한다.

```
FQH5


   FCP  AL  BK TPM    MPM    EMA   EMS R GI CC   NVB   NVA      BG
   SEL
   BKK   KE  L                                                  1P
   HYD   TG  S                      R EH KE      15DEC   20
 FARE BASIS:LLEVZRKT            AMOUNT IN NUC:           451.29
   CMB  AI  G                                                   2P
   SEL   KE  L                      R EH KE      15DEC   1P
 FARE BASIS:LLEVZRKT            AMOUNT IN NUC:           451.29

 TOTAL FARE CALCULATION:                                 902.58
 ROE: 1351.671729                  FARE KRW:            1220000
 TAX: YRVA          121800     YQAC              213500
      YRVB           13700     E7AP                1400
      E7AD            1400     G8AE                 600
      TSLA           27300     INDO               29000
      P2AF           19400     LKEM               82100
```

⑤ 결과

운임 계산 내역		구간의 항공사와 Booking Class
적용 Fare Basis : LLEVZRKT SEL BKK　　KE HYD -- TG　　451.29 CMB　　AI SEL　　KE　　451.29 　　NUC　902.58 　　KRW　1220000		ⓐ KE 구간 L Class ⓑ BKK – HYD 구간의 항공사와 Class ☞ TG ： S Class ⓒ CMB – HYD 구간의 항공사와 Class ☞ AI ： G-W-V Class

6) GG page 조회 시 Class가 없는 경우 조회 방법

(1) 조건 : 오늘출발, Business Class, 성인

> SEL
>
> HKG   KE
>
> BKK --   CX
>
> .   SEL   KE

① CX의 Booking Class 확인

GGAIRKECLSCX

```
 GGAIRKECLSCX

                   CLS CX                    EN  22JUN15 0548Z

 ----------------------------------------------------------------
 * CATHAY PACIFIC AIRWAYS LTD *

 ** WARNING : 1. NOT ALLOWED TO SELL CX MKT/NZ OPRTG C/S FLTS
                 FOR NZ OPRTG SCTORS, PLZ USE NZ OWN FLTS
 ** NOTE : 1. REFER TO AUTO PRICING FOR C/S FLTS AND OTHER SECTORS
           2. BKG CLS PRIORITY IS FROM LEFT TO RIGHT
 ----------------------------------------------------------------
 1. FIRST/BUSINESS FARES : REFER TO AMADEUS AUTO PRICING
 2. ECONOMY CLASS FARES
    2.1 PASSENGERS TCP 9 OR LESS

    HKG-SIN/BKK/KUL/TPE/DXB/TYO/OSA/NGO/JNB/JKT/SUB/DPS/CEB/CMB - "V"
    HKG-BJS/SHA/BOM/DEL/MAA/HYD/RUH/NYC/PER/SYD/BNE/MEL/LON - "V"
    HKG-MNL/SGN - "S-V"
    BKK-CMB - "V"
```

☞ Business Fare는 Auto Pricing으로 확인해야 한다고 언급되어 있다.

☞ 따라서 다음의 방법으로 CX의 Booking Class를 확인한다.

② FQP Option 실행 후 해당 운임 Line번호로 FQS 조회

FQPSEL/AKEHKG/ACXBKK/AKESEL → FQS6 → FQS6-1

```
FQPSEL/AKEHKG/ACXBKK/AKESEL

  * FARE BASIS *  DISC    *  PTC       *  FARE<KRW>  * MSG   *T
 01 FRT+PRT    *          *  1         *   3786000   *RB     *Y
 02 PRT        *          *  1         *   3134900   *RB     *Y
 03 CRT+JRT    *          *  1         *   2863000   *RB     *Y
 04 FRT        *          *  1         *   2774700   *RB     *Y
 05 JRT        *          *  1         *   2333900   *RB     *Y
 06 CRT        *          *  1         *   2169700   *RB     *Y
```

```
FQS6

6 - PTC 1 ADT
>FQS 6-1    ADT SELBKK KE   CRT        PU 1 N
>FQS 6-2    ADT BKKSEL KE   CRT        PU 1 N
```

☞ 확인하려는 CX가 첫 번째 운임마디에 있으므로 FQS6-1로 조회한다.

```
FQS6-1

 6 - PTC 1 ADT
FARE COMPONENT  1    ADT SELBKK KE   CRT        PU 1 N

 PRIME BOOKING CODE WHEN NO EXCEPTIONS APPLY
    C

DEFAULT EXCEPTIONS (CX)
 IF   VIA **               ALL CXRS EXCEPT CX          (1)
 THEN VIA CX  J    REQUIRED  WHEN AVAILABLE
 IF   VIA **               ALL CXRS EXCEPT CX          (1)
 THEN VIA CX  Y    REQUIRED
```

☞ HKG BKK 구간의 CX Class는 J 또는 Y로 예약해야 한다.

☞ 위에 있는 J Class를 먼저 이용하고 좌석이 없는 경우 Y Class를 이용한다.

1. 동남아 지역 연습문제

※ 다음 조건으로 가장 저렴하게 계산하시오.

1 7월 15일 출발, 3개월 체류, 예약완료 3일이내 발권, 성인

SEL	항공사	BKG CLS	운임내역
KUL	KE	( )	
PEN --	( )	( )	
X			
JHB --			
KUL	( )	( )	
SEL	KE	( )	
		NUC	
		KRW	

1. O/B	1) FQDSELPEN/AKE/ D15JUL/IL,X,H/R,NUC 2) AP, MAX조건 확인 후 운임라인 선택 3) FQR 　– 경유도시, 항공사 확인	
2. I/B	1) FQDSELJHB/AKE/ D15JUL/IL,X,H/R,NUC 2) AP, MAX조건 확인 후 운임라인 선택 3) FQR	
3. CLS	GGAIRKECLSMH	

2 6월 20일 출발, 4개월 체류, 예약완료 3일이내 발권, 성인

SEL	항공사	BKG CLS
JKT	KE	( )
SUB --	( )	( )
DPS	( )	( )
SEL	KE	( )
		NUC
		KRW

2. 남아시아 지역 연습문제

1 8월 10일 출발, 5개월 체류, 예약완료 3일이내 발권, 성인

SEL	항공사	BKG CLS
KUL	KE	( )
DAC -- ( )	( )
BKK	( )	( )
SEL	KE	( )
		NUC
		KRW

2 9월 11일 출발, 4개월 체류, 예약완료 3일이내 발권, 성인

SEL	항공사	BKG CLS
DEL	KE	( )
BOM -- ( )	( )
KTM	( )	( )
SEL	KE	( )
		NUC
		KRW

3. 남서태평양 지역 연습문제

1 7월 19일 출발, 4개월 체류, 예약완료 3일이내 발권, 성인

SEL	항공사	BKG CLS
AKL	KE	( )
CHC -- ( )		( )
SYD	( )	( )
SEL	KE	( )
		NUC
		KRW

2 8월 25일 출발, 5개월 체류, 예약완료 7일 후 발권, 성인

SEL	항공사	BKG CLS
SYD	KE	( )
MEL -- ( )		( )
BNE	( )	( )
SEL	KE	( )
		NUC
		KRW

4. 중동 지역 연습문제

1 7월 22일 출발, 3개월 체류, 예약완료 10일 후 발권, 성인

SEL	항공사	BKG CLS
DXB	KE	( )
BAH	-- ( )	( )
AUH	( )	( )
SEL	KE	( )
		NUC
		KRW

2 9월 11일 출발, 7개월 체류, 예약완료 3일이내 발권, 성인

SEL	항공사	BKG CLS
DXB	KE	( )
RUH	-- ( )	( )
X		
DXB	-- ( )	( )
SEL	KE	( )
		NUC
		KRW

5. 유럽 지역 연습문제

1 9월 15일 출발, 4개월 체류, 예약완료 3일이내 발권, 성인

SEL	항공사	BKG CLS
LON	KE	( )
VCE --	( )	( )
ZRH	( )	( )
SEL	KE	( )
		NUC
		KRW

2 7월 11일 출발, 8개월 체류, 예약완료 5일 후 발권, 성인

SEL	항공사	BKG CLS
AMS	KE	( )
BRU --	( )	( )
X		
LIS --		
ZRH	( )	( )
SEL	KE	( )
		NUC
		KRW

6. 미주 지역 연습문제

1 8월 12일 출발, 2월 12일 귀국, 7개월 체류, 예약완료 3일이내 발권, 성인

SEL	항공사	BKG CLS	
CHI	KE	(	)
MIA --	( )	(	)
NYC	( )	(	)
SEL	KE	(	)
		NUC	
		KRW	

2 6월 27일 출발, 12월 27일 귀국, 6개월 체류, 예약완료 3일이내 발권, 성인

SEL	항공사	BKG CLS	
LAX	KE	(	)
DEN --	( )	(	)
SEA	( )	(	)
SEL	KE	(	)
		NUC	
		KRW	

3 Mileage System 기본 규정

- Mileage System은 승객이 여행하는 거리에 의해 운임을 계산하는 방법이다.
- Mileage System은 TPM, MPM, EMS의 3대 요소로 구성되어 있다.

1) TPM(Ticketed Point Mileage : 발권 구간 거리)

① TPM은 승객이 여행하는 실제거리를 의미한다.

② TPM은 Mileage Entry를 통해 조회 가능하다.

```
SEL
DXB   TPM :
```

```
SEL
DXB   TPM :
CAI   TPM :
(CUM) = TPM의 합
:
```

```
FQMSELDXB


FQM   SEL   DXB

CTY   DC   TPM   CUM   MPM DC LVL
SEL 3
DXB 2 EH  4203  4203  5043 EH  0M
```

```
FQMSELDXBCAI


FQM   SEL   DXB   CAI

CTY   DC   TPM   CUM   MPM DC LVL
SEL 3
DXB 2 EH  4203  4203  5043 EH  0M
CAI 2 EH  1499  5702  6300 EH  0M
```

③ TPM은 항공편이 운항중인 구간에만 설정되어 있다.

```
FQM   SEL   PSA

>FQW   DC   TPM   MPM DC
SEL 3
PSA 2 ** ?????   8614 TS
```

FQMSELPSA
- SEL PSA 구간은 직항 항공편 없음
- 따라서 TPM 항목에 ????? 로 표시됨
- 그러나 MPM 은 존재함

2) MPM(Maximum Permitted Mileage : 최대 허용 거리)

① 출발지에서 해당 지점간의 공시운임으로 여행할 수 있는 최대 허용 거리를 의미한다.

② MPM은 해당 구간의 실제거리인 TPM보다 더 크게 설정되어 있다.

FQM	SEL	LON			
CTY	DC	TPM	CUM	MPM	DC
SEL 3					
LON 2	TS	5652	5652	8378	TS

- SEL LON TPM :
- SEL LON MPM :

☞ TPM 보다 MPM 이 더 크다.

③ MPM은 두 지점 사이에 항공편이 운항하지 않아도 설정되어 있다.

FQM	SEL	MAN		
>FQW	DC	TPM	MPM	DC
SEL 3				
MAN 2	**	?????	8482	TS

- SEL MAN구간은 직항 항공편이 없어 TPM은 없으나 MPM은 8413이 설정됨
- MPM은 항공편 운항유무에 관계없이 모든 도시에 설정됨

④ 방향지표(GI)별로 다르게 설정되어 있다.

SEL			
HKG			
MAN GI :		MPM :	

SEL			
LON			
MAN GI :		MPM :	

FQM	SEL	HKG	MAN		
CTY	DC	TPM	CUM	MPM	DC
SEL 3					
HKG 3	EH	1295	1295	1554	EH
MAN 2	EH	5978	7273	9092	EH

FQM	SEL	LON	MAN		
CTY	DC	TPM	CUM	MPM	DC
SEL 3					
LON 2	TS	5652	5652	8378	TS
MAN 2	EH	153	5805	8482	TS

3) EMS(Excess Mileage Surcharge : 초과거리할증)

① EMS는 하나의 운임마디 내에서 여러 지점을 경유할 때 체크한다.

② EMS는 TPM 합(CUM)과 MPM을 비교하여 TPM의 합이 MPM 보다 큰 경우에 적용함.

③ TPM의 합이 MPM을 초과하는 비율을 계산하여 해당 운임마디에 적용 운임을 단계별로 할증한다.

④ 운임 할증은 5%, 10%, 15%, 20%, 25%의 5단계로 실시한다.

⑤ 운임 할증율이 25%를 초과하는 경우에는 하나의 운임마디로 계산 불가하다.

거리 초과 비율	운임 할증율	운임 적용
0% 초과 ~ 5% 이하	5%	해당운임 X 1.05
5% 초과 ~ 10% 이하	10%	해당운임 X 1.10
10% 초과 ~15% 이하	15%	해당운임 X 1.15
15% 초과 ~ 20% 이하	20%	해당운임 X 1.20
20% 초과 ~ 25% 이하	25%	해당운임 X 1.25
25% 초과	운임마디를 나누어 계산(FQM 실행하면 LVL에 EXC로 보여짐)	

※ EMS = Total TPM ÷ MPM X 100 - 100(9690 ÷ 9092 X 100 - 100 = 6.58 : 10% 초과)

☞ 예를 들어 운임 할증율이 10%인 경우 운임이 1000000 원이면 그의 10%를 할증한다.

해당운임 1000000 원 + 10% 인 100000원 = 1100000 원

결론적으로 해당운임인 1000000 원 X 1.10 = 1100000 원과 동일하다.

⑥ EMS는 FQM Entry를 실행하여 LVL의 값(10M : Mileage 10%초과)으로 확인 가능하다.

```
FQMSELSINMAN              LVL(Level)이 운임 할증율인 EMS이며 10% 할증 처리


FQM   SEL   SIN   MAN


CTY   DC   TPM   CUM   MPM  DC  LVL  <HGL  >LWL   25M XTRA
SEL 3
SIN 3 EH  2884  2884  3460 EH   0M   576     0  4325     0
MAN 2 EH  6808  9692  9092 EH  10M   309   146 11365     0
```

4) EMS 예시

SEL KUL AKL --	• 하나의 운임마디 내에 2구간 이상이므로 Mileage를 체크하여 EMS를 확인한다. • FQMSELKULAKL

FQM	SEL	KUL	AKL							
CTY	DC	TPM	CUM	MPM	DC	LVL	<HGL	>LWL	25M	XTRA
SEL 3										
KUL 3	EH	2877	2877	3452	EH	0M	575	0	4315	0
AKL 3	EH	5410	8287	7197	EH	20M	349	11	8996	0

① EMS는 하나의 운임마디 내에서 여러 지점을 경유할 때 체크한다.
(만약 SEL KUL 한 구간이면 TPM보다 MPM이 더 크게 설정되어 있다.)

② EMS는 TPM 합(CUM)과 MPM을 비교하여 TPM의 합이 MPM 보다 큰 경우에 적용
☞ TPM의 합(CUM) 8287 ≥ MPM 7197 : TPM의 합이 크다.

③ TPM의 합이 MPM을 초과하는 비율을 계산한다.(LVL 확인)
☞ LVL 이 20% 초과임, 25%이내이므로 하나의 운임마디로 계산 가능하다.
20% 할증이 필요하므로 해당운임에 1.20을 곱해야 한다.

5) FQM 실행 시 항목 설명

FQM	SEL	HKG	MOW							
①	②	③	④	⑤	⑥	⑦				
CTY	DC	TPM	CUM	MPM	DC	LVL	<HGL	>LWL	25M	XTRA
SEL 3										
HKG 3	EH	1295	1295	1554	EH	0M	259	0	1942	0
MOW 2	FE	4427	5722	4915	FE	20M	176	70	6143	0

구 분	항 목	설 명
①	CTY	도시코드 / 숫자는 Area
②	DC	각 구간별 방향지표(SEL HKG : EH, HKG MOW : FE)
③	TPM	구간의 실제 거리
④	CUM	각 구간의 TPM의 합
⑤	MPM	MOW 까지 FE 방향지표의 최대 허용 거리
⑥	DC	최종 방향지표(Direction) : GI 복합된 경우 우선 적용지침에 근거
⑦	LVL	EMS(초과 거리 할증)

연습문제

SEL HKG SIN DXB --	1. 이 여정은 하나의 운임마디로 계산 가능 여부와 그 이유를 쓰시오.

FQM	SEL	HKG	SIN	DXB						
CTY	DC	TPM	CUM	MPM	DC	LVL	<HGL	>LWL	25M	XTRA
SEL 3										
HKG 3	EH	1295	1295	1554	EH	0M	259	0	1942	0
SIN 3	EH	1594	2889	3460	EH	0M	571	0	4325	0
DXB 2	EH	3636	6525	5043	EH	EXC	0	222	6303	0

SEL MNL HKG JKT --	2. 이 여정은 하나의 운임마디로 계산 가능 여부와 그 이유를 쓰시오.

FQM	SEL	MNL	HKG	JKT						
CTY	DC	TPM	CUM	MPM	DC	LVL	<HGL	>LWL	25M	XTRA
SEL 3										
MNL 3	EH	1627	1627	1952	EH	0M	325	0	2440	0
HKG 3	EH	712	2339	1554	EH	EXC	0	397	1942	0
JKT 3	EH	2029	4368	3937	EH	15M	159	38	4921	0

SEL JKT FRA --	3. 이 여정은 하나의 운임마디로 계산 가능 여부와 그 이유를 쓰시오. 1) TPM의 합을 쓰시오. 2) 해당 GI와 MPM을 쓰시오. 3) EMS를 쓰시오.

SEL TYO TPE SIN --	4. 이 여정은 하나의 운임마디로 계산 가능 여부와 그 이유를 쓰시오. 1) TPM의 합을 쓰시오. 2) 해당 GI와 MPM을 쓰시오. 3) EMS를 쓰시오.

6) Mileage 기본규정 운임 계산

· 다음 여정의 운임을 계산하시오. (오늘출발, Economy Class, 정상운임, 성인)

· 여정	① 운임 적용 방향
SEL 3(KR/JP)	② 여정의 종류 : OW 여정
KE X/BKK 3(SEA) TPM 2286	③ 운임 선택 : OW 운임
VN SGN 3(SEA) -- TPM 453	④ 항공사 선택

※ 항공사 운임 선택
1. SEL BKK 구간은 KE 이용
2. BKK SGN 구간은 VN 이용
3. 출발지에서 목적지인 SEL SGN 구간은 어느 항공사 운임을 적용할까요?
　① 모두 AREA 3지역, 첫 번째 SUB AREA 운송 항공사 : KE(한국/일본 → 동남아)
　② TPM 이 가장 큰 항공사 : KE
　☞ ①번과 ②번에 해당하는 항공사의 운임 중 저렴한 운임 적용(①②번 모두 KE)
　☞ SEL SGN 구간은 KE 운임 적용

(1) 운임 계산 전에 체크사항

① 운임 적용 방향(↓↑)　　② 여정의 종류　　③ 운임선택(OW운임 또는 1/2RT운임)

(2) 운임 계산 절차

① 출발지에서 목적지까지 Mileage를 조회하여 GI와 EMS를 확인한다.(FQM)

② 출발지에서 목적지까지 운임을 NUC로 조회한다.(FQD)

③ EMS가 적용되면 해당 운임에 할증 처리한다.

☞ 할증되지 않은 0M 이면 출발지에서 목적지까지의 운임을 그대로 적용한다.

(3) 여정의 운임 계산

① Mileage 조회를 통해 GI 와 EMS(LVL) 확인

FQMSELBKKSGN

```
FQM    SEL    BKK    SGN

CTY   DC   TPM   CUM   MPM   DC  LVL   <HGL   >LWL   25M   XTRA
SEL  3
BKK  3  EH  2286  2286  2743   EH  0M    457      0   3428      0
SGN  3  EH   453  2739  2667   EH  5M     61     72   3333      0
```

☞ GI는 EH이며 EMS는 5M이다.

② 운임 조회

FQDSELSGN/AKE/IL,X,O/CY/R,NUC → FQR1

```
FQDSELSGN/AKE/IL,X,O/CY/R,NUC
ROE 1116.283752 UP TO 100.00 KRW
23JAN19**23JAN19/KE SELSGN/NSP;EH/TPM  2223/MPM  2667
LN FARE BASIS    OW   NUC  RT   B PEN  DATES/DAYS    AP MIN MAX R
01 YOWKE       618.12            Y  +   -     -      -   -   - R
02 YOW         628.51            Y  +   -     -      -   -   - M
```

```
FQR1
ROE 1116.283752 UP TO 100.00 KRW
30JAN19**30JAN19/KE SELSGN/NML;EH/TPM  2223/MPM  2667
LN FARE BASIS    OW   NUC  RT   B PEN  DATES/DAYS    AP MIN MAX R
01 YOWKE       618.12            Y  +   -     -      -   -   - R
ADDON       SPECIFIED  KE6000  ADDON          EFF20AUG16
  1 * SEL-SGN
```

☞ 1번 Line의 Routing운임은 SEL SGN 직항으로 해당 여정인 SEL - BKK - SGN 조건과 맞지 않아 적용 할 수 없으므로 2번 Line의 Mileage운임을 적용한다.

③ 해당운임에 5% 할증

☞ 628.51 X 1.05 = 659.93

④ 해당운임을 출발지 국가의 통화로 환산

FQC659.93NUC/KRW

```
FQC659.93NUC/KRW
CONVERSION OF NUC TO KRW
KRW 736700 - ROUNDED AS FARES
KRW 736669 - AMOUNT TRUNCATED
ROE USED 1 NUC = 1116.283752 KRW EFF 01JAN19
```

⑤ 결과

• 운임 계산 내역	• 운임 계산 절차

SEL
KE X/BKK   5M
VN SGN -- 659.93
 	
  NUC   659.93
  ROE   1116.283752
  KRW   736700
	① FQM
	② FQD
	③ EMS 적용 시 할증
	④ FQC

 **항공사 운임 선택 규정**

- Mileage System으로 운임 계산시 하나의 운임 마디에 다수의 항공사가 있는 경우에 어느 항공사의 운임을 적용해야 하는지 판단이 필요하다.
- 다음과 같은 규정으로 적용할 항공사가 결정된다.

1) 일반 규정

- 미국/미국령/캐나다 출·도착 여정과 유럽 내 여정은 제외

(1) 규정

구 분	운임 적용 항공사
규정 1	① Area 이동인 경우 첫 번째 Area 운송 항공사
	② 동일 Area 이동인 경우 첫 번째 Sub Area 운송 항공사
	③ 동일 Sub Area 이동인 경우 첫 번째 국제선 항공사
규정 2	① TPM 이 가장 큰 항공사
	② 동일 항공사로 운송된 국제선 구간의 TPM의 합이 가장 큰 항공사
☞ 규정 1 과 규정 2 중 저렴한 항공사 운임 적용	

(2) 예시

① SEL 3 KE DXB 2 ↓ TPM 4203 BA LON 2 ⌐⌐ TPM 3403	• SEL LON은 어느 항공사 운임으로 적용할까요? ① Area 3 → Area 2 운송항공사 KE ② TPM 큰 항공사 KE ☞ SEL LON 구간은 KE 운임 적용
② SEL 3 KE AKL 3 ↓ TPM 5998 QF SYD 3 ⌐⌐ TPM 1342	• SEL SYD 구간은? ① 동일 Area 내 이동은 첫 번째 Sub Area 운송 항공사 KE(한국/일본 → 남서태평양) ② TPM 가장 큰 항공사 KE ☞ SEL SYD 구간은 KE 운임 적용

③			• SEL SIN 구간은?
	SEL	3	① 규정 1 : KE(한국/일본 → 동남아)
KE X/	TPE	3 TPM 914	동일 Area 이동 시 첫 번째 Sub Area 운송 항공사
CX	HKG	3 TPM 511	② 규정 2 : CX(TPM 2105)
CX	SIN	3 -- TPM 1594	☞ KE 와 CX 중 저렴한 운임 적용

④			• MNL BKK 구간은?
	MNL	3	① 동일 Sub Area 동남아 이동이므로 첫 번째 국제선 항공사 VN
VN	HAN	3 TPM 1102	② TPM 큰 항공사 VN
TG	BKK	3 -- TPM 614	☞ VN 운임으로 적용

2) 미국/미국령/캐나다 출 · 도착 여정(미국과 캐나다 간의 여정은 제외)

(1) 대양 횡단 항공사의 운임을 우선 적용한다.

(2) TC1 내의 여정인 경우 미국 또는 캐나다 출발, 도착 항공사의 운임을 우선 적용한다.

AREA	GI	운임적용 항공사	예 시
TC3 ↔ TC1	PA	태평양 횡단 항공사	SEL – KE – LAX – AA – YTO ☞ SEL YTO 구간은 태평양 횡단의 KE운임 적용
TC2 ↔ TC1	AT	대서양 횡단 항공사	DXB – EK – PAR – AF – NYC ☞ DXB NYC 구간은 대서양 횡단의 AF운임 적용
TC321	AT	대서양 횡단 항공사	SEL – KE – LON – BA – LAX ☞ SEL LAX 구간은 대서양 횡단의 BA운임 적용
TC1	WH	미국 / 캐나다 첫 도착 항공사	RIO – DL – NYC – AM – MEX ☞ RIO MEX 구간은 미국 첫 도착 DL운임 적용

3) 유럽 내 여정

(1) 규정

① 첫 번째 국제선 운송 항공사

② 국제선 구간의 TPM이 가장 큰 항공사(동일 항공사 구간은 국제선 구간의 TPM의 합)

   ☞ 위 두 가지에 적용되는 항공사의 가장 저렴한 운임 적용

③ 유럽 내 운임 선택 시 덴마크, 노르웨이, 스웨덴은 국제선으로 적용

(2) 예시 (LON – BA – PAR – AF – ROM – AZ – FRA – LH – LON)

LON BA PAR AF ROM AZ FRA LH LON	TPM 214 TPM 686 TPM 598 TPM 390	• O/B : LON ROM ① 첫 번째 국제선 항공사 : BA ② 국제선 TPM 가장 큰 항공사 : AF ☞ BA 와 AF 중 저렴한 운임 • I/B : LON ROM ① 첫 번째 국제선 항공사 : LH ② 국제선 TPM 가장 큰 항공사 : AZ ☞ LH 와 AZ 중 저렴한 운임 적용
OSL SK STO AF PAR	TPM 226 TPM 926	• O/B : OSL PAR ① 첫 번째 국제선 항공사 : SK ② 국제선 TPM 가장 큰 항공사 : AF ☞ SK 와 AF 중 저렴한 운임 적용

Mileage 기본규정 연습문제

(조건 : 오늘출발, Economy Class, 정상운임, 성인)

1

```
        SEL
KE   X/DXB
SV      RUH  --
```

2

```
        SEL
KE   X/AKL
NZ      SYD  --
QF   X/ BNE
KE       SEL
```

3

```
        SEL
KE   X/TPE
BR   X/HKG
CI      MNL  --
CX   X/HKG
KE       SEL
```

 ## 5 비항공 운송구간(Surface Transportation)

1) 비항공 운송 구간의 개념

(1) 승객이 항공편을 이용하지 않고 타 교통수단을 이용하여 여정 상 항공 여행이 일시

중단된 구간을 비항공 운송 구간이라 한다.

```
RP/SELK1394Z/
  1   KE 703 Y 10MAY 5 ICNNRT DK1   1010 1230   10MAY   E   0 77W M
      SEE RTSVC
  2   KE 724 Y 20MAY 1 KIXICN DK1   1225 1415   20MAY   E   0 77W O
      SEE RTSVC
```

(2) 비항공 운송 구간은 다음과 같은 경우에 발생한다.

① 해당구간에 정기 항공노선이 없는 경우

② 해당구간에 항공편은 있으나 승객이 자의로 타 교통수단을 이용하는 경우

2) 비항공 운송 구간 여정의 운임 계산

• 다음과 같이 2가지 방법을 이용하여 계산한 후 저렴한 결과를 적용한다.

(1) 방법1 : 비항공 운송 구간을 제외하고 운임 마디를 나누어 계산한다.

(2) 방법2 : 비항공 운송 구간의 TPM을 포함하여 하나의 운임 마디로 계산한다.

(1) 방법 1 → 비항공 운송구간인 두 지점에서 각각 운임분리

	SEL	
KE	X/HKG	M
CX	REP --	732.96
	X	
	BKK --	
MH	KUL	546.57
	NUC	1279.53
	KRW	1428400

• 운임 계산 절차

① REP와 BKK에서 운임분리
② 마디 별 운임 적용방향, 운임선택
③ 마디 별 GI, EMS 조회(FQM)
　☞ 1구간인 경우 LVL 체크는 필요 없음
④ 마디 별 운임조회(FQD)
⑤ NUC 합산
⑥ 출발지 국가 통화로 환산

① 첫 번째 운임마디 Mileage 조회

FQMSELHKGREP

FQM	SEL	HKG	REP							
CTY	DC	TPM	CUM	MPM	DC	LVL	<HGL	>LWL	25M	XTRA
SEL 3										
HKG 3	EH	1295	1295	1554	EH	0M	259	0	1942	0
REP 3	EH	905	2200	2640	EH	0M	440	0	3300	0

☞ GI는 EH, EMS는 0M 이므로 할증하지 않는다.

② 첫 번째 운임마디 운임 조회

FQDSELREP/AKE/IL,X,O/CY/R,NUC → FQR1

```
FQDSELREP/AKE/IL,X,O/CY/R,NUC
ROE 1116.283752 UP TO 100.00 KRW
24JAN19**24JAN19/KE SELREP/NSP;EH/TPM  2178/MPM  2640
LN FARE BASIS      OW   NUC  RT   B PEN  DATES/DAYS    AP MIN MAX R
01 YOWKE         698.74          Y +    -       -      -   -   - R
02 YOW           732.96          Y +    -       -      -   -   - M
```

```
FQR1
ROE 1116.283752 UP TO 100.00 KRW
30JAN19**30JAN19/KE SELREP/NML;EH/TPM  2178/MPM  2640
LN FARE BASIS      OW   NUC. RT   B PEN  DATES/DAYS    AP MIN MAX R
01 YOWKE          698.74          Y +   -    -      -  -   -   R
ADDON          SPECIFIED  KE6000  ADDON          EFF20AUG16
  1 * SEL-REP
```

☞ SEL-HKG-REP 여정이므로 1번 운임은 불가하여 2번 운임인 732.96을 적용한다.

③ 두 번째 운임마디 운임 조회

FQDBKKKUL/AMH/IL,X,O/CY/R, NUC, -NML

```
FQDBKKKUL/AMH/IL,X,O/CY/R,NUC,-NML
ROE 33.06052 UP TO 5.00 THB
27JAN19**27JAN19/MH BKKKUL/NML;EH/TPM   754/MPM   904
**** FOR VISIT ASEAN AIRPASS SEE MH INFONOTE I124 ****
//ALL FEES/TAXES/SVC CHARGE/SURCHARGE - INCLUDED WHEN
ITINERARY PRICED. REFER TERM N CONDITION//
LN FARE BASIS      OW   NUC  RT   B PEN  DATES/DAYS    AP MIN MAX R
01 YIFMH          546.57          Y +   -    -      -  -   -   M
```

☞ 1번 Line의 Mileage 정상운임인 546.57을 적용한다.

④ 전체 운임마디의 NUC를 합산한다.

☞ 732.96 + 546.57 = 1279.53

⑤ 출발지 국가의 통화로 환산한다.

FQC1279.53NUC/KRW

```
FQC1279.53NUC/KRW
CONVERSION OF NUC TO KRW
KRW 1428400 - ROUNDED AS FARES
KRW 1428318 - AMOUNT TRUNCATED
ROE USED 1 NUC = 1116.283752 KRW EFF 01JAN19

ROUNDING OF FARES UP TO 100 KRW
```

---

(2) 방법 2 → 비항공 운송구간의 TPM 포함하여 하나의 운임마디로 계산

	SEL	
KE	X/HKG	
CX	REP	
	X	
	BKK	M
MH	KUL --	745.33
	NUC	745.33
	KRW	832000

• 운임 계산 절차

① KUL에서 운임분리
② 운임 적용방향, 운임선택
③ GI, EMS 조회(FQM)
④ 운임조회(FQD)
⑤ EMS에 따라 할증 적용
⑥ 출발지 국가의 통화로 환산

① Mileage 조회

```
FQMSELHKGREP--BKKKUL
```

FQM	SEL	HKG	REP	--BKK	KUL					
CTY	DC	TPM	CUM	MPM	DC	LVL	<HGL	>LWL	25M	XTRA
SEL 3										
HKG 3	EH	1295	1295	1554	EH	0M	259	0	1942	0
REP 3	EH	905	2200	2640	EH	0M	440	0	3300	0
BKK 3	EH	***	2412	2743	EH	0M	331	0	3428	0
KUL 3	EH	754	3166	3440	EH	0M	274	0	4300	0

☞ 비항공 운송구간의 Mileage 조회는 반드시 -- 을 입력한다.

☞ REP BKK 구간은 비항공 운송구간이나 이 구간의 TPM을 포함하여 계산한다.

FQM	REP	BKK								
CTY	DC	TPM	CUM	MPM	DC	LVL	<HGL	>LWL	25M	XTRA
REP 3										
BKK 3	EH	212	212	254	EH	0M	42	0	317	0

☞ REP BKK 구간의 TPM 212를 포함하여 TPM의 합이 2412인 것을 확인할 수 있다.

② 운임 조회

FQDSELKUL/AKE/IL, X, O/CY/R,NUC

```
FQDSELKUL/AKE/IL,X,O/CY/R,NUC
ROE 1116.283752 UP TO 100.00 KRW
25JAN19**25JAN19/KE SELKUL/NSP;EH/TPM  2867/MPM  3440
LN FARE BASIS    OW    NUC   RT   B PEN  DATES/DAYS    AP MIN MAX R
01 YOWKE       725.62            Y +    -      -      -   -   - R
02 YOW         745.33            Y +    -      -      -   -   - M
```

☞ 2번 Line의 Mileage 운임인 745.33을 적용하고 EMS는 0M이므로 할증하지 않는다.

③ 출발지 국가의 통화로 환산

FQC745.33NUC/KRW

```
FQC745.33NUC/KRW
CONVERSION OF NUC TO KRW
KRW 832000 - ROUNDED AS FARES
KRW 831999 - AMOUNT TRUNCATED
ROE USED 1 NUC = 1116.283752 KRW EFF 01JAN19
```

☞ 방법 1과 방법 2를 비교하여 저렴한 운임을 적용한다. (방법 2가 더 저렴하다.)

방법 1		방법 2	
SEL		SEL	
KE X/HKG		KE X/HKG	
CX REP	-- 732.96	CX REP	
X		X	
BKK	--	BKK	M
MH KUL	546.57	MH KUL	-- 745.33
NUC	1279.53	NUC	745.33
KRW	1428400	KRW	832000

비항공 운송구간 연습문제

• 다음 조건으로 해당여정의 운임을 두 가지 방법으로 계산하시오.(수동계산)
  (오늘출발, Economy Class, 정상운임, 성인)

방법 1.

```
          SEL
   KE   X/TPE
   CX    HKG
          X
         SGN
   SQ   SIN
```


방법 2.

```
          SEL
   KE   X/TPE
   CX    HKG
          X
         SGN
   SQ   SIN
```

6 Mileage System 보완규정

1) HIP(Higher Intermediate Point Check) 개념

① Mileage System의 기본 규정에 따르면, 출발지와 목적지간의 공시운임을 기준으로 운임을 계산하지만 여정에 따라서 출발지와 목적지간의 운임보다 중간 지점의 운임이 더 높은 경우가 발생하기도 한다.

② 이와 같은 경우에 중간 지점의 높은 운임을 무시하고 출발지와 목적지간의 운임을 적용한다면 불합리할 것이다.

③ 이러한 불합리한 부분을 보완하기 위해 중간 높은 운임(HIP) 규정이 만들어졌다.

④ 중간 높은 운임이라고도 호칭한다.

예시

A 승객	B 승객
SEL KE ZRH -- 1718.82 NUC 1718.82 KRW 1918700	SEL KE ZRH M LX PRG -- 1488.15 NUC 1488.15 KRW 1661200

☞ A승객과 B승객은 SEL에서 ZRH까지 동일구간을 이용하지만, B승객의 운임이 더 저렴한 것을 확인할 수 있다. 이런 경우 A승객의 입장에서는 불합리하다.

☞ 이러한 불합리한 부분을 보완하기 위해 중간 높은 운임(HIP)을 체크해야 한다.

2) HIP 체크 방법

• 운임마디 내에 도중 체류지점이 있는 경우 반드시 실시한다.
• 출발지에서 목적지까지의 운임과 다음의 발생 가능한 3가지 지점의 운임을 비교하여 가장 높은 운임을 적용한다.

① 출발지에서 도중 체류지점의 운임

② 도중 체류지점에서 목적지까지의 운임

③ 도중 체류지점에서 도중 체류지점까지의 운임

※ 도중 체류(Stopover) : 해당도시에서 24시간 초과하여 체류하는 경우를 의미한다. 24시간 미만 또는 24시간인 경우는 도중체류로 간주하지 않고 해당도시 앞에 Non Stopover를 의미하는 X/ 코드를 표기한다.

 HIP 체크 지점 예시

SEL   출발지
HKG   도중 체류지점
X/BKK   경유지
SIN   도중 체류지점
JKT --   목적지
	• 운임마디 내에 도중체류 지점이 존재, HIP 체크 필요
	• 출발지에서 목적지 운임 계산
	    SEL JKT
	• HIP 체크 실시 지점
	
	① 출발지에서 도중 체류지점
	    SEL HKG
	    SEL SIN
	
	② 도중 체류지점에서 목적지
	    HKG JKT
	    SIN JKT
	
	③ 도중 체류지점에서 도중 체류지점
	    HKG SIN

3) HIP 적용 절차

(1) 출발지에서 목적지까지 Mileage를 조회한다.(FQM)

(2) 출발지에서 목적지까지 운임을 조회한다.(FQD)

(3) 운임마디 내에 도중체류지점이 있으면 HIP 체크를 실시한다.

(4) 출발지에서 목적지까지 운임보다

① 중간 지점의 높은 운임이 존재하여 HIP이 발생한 경우는 운임계산 내역에 HIP이 발생한 두 도시를 표기하고 HIP운임을 해당 운임마디에 적용한다.

② 높은 운임이 없으면 HIP이 발생되지 않았으므로 출발지에서 목적지까지의 운임을 해당 운임마디에 적용한다.

(5) EMS가 적용된 경우는 HIP운임에 할증 처리한다.

(6) 운임마디 별 NUC를 합산하여 Total NUC를 출발지 국가의 통화로 환산한다.(FQC)

4) HIP 적용 운임 계산 예시

◆ 조건 :(오늘출발, Economy Class, 정상운임, 성인)

```
        SEL        M
KE  ZRH        SELZRH    TPM 5456
LX  PRG  --  1718.82   TPM 323

        NUC        1718.82
        KRW        1918700
```

• 운임 계산 절차

① Mileage 조회
② SEL PRG 구간 운임 조회
　ⓐ Area 이동 항공사 KE(TC3→ TC2)
　ⓑ TPM이 큰 항공사 KE
　☞ SEL PRG 구간 KE운임 적용
③ HIP 체크(ZRH 도중 체류지점)
　ⓐ SEL ZRH KE 운임
　ⓑ ZRH PRG LX 운임
④ HIP 발생한 경우는 HIP운임 적용
⑤ EMS 발생한 경우는 HIP운임에 할증
⑥ 출발지 국가의 통화로 환산

① Mileage 조회

FQMSELZRHPRG

```
FQM    SEL   ZRH    PRG

CTY   DC   TPM   CUM    MPM  DC LVL  <HGL   >LWL   25M  XTRA
SEL 3
ZRH 2 TS  5456  5456  8138  TS  0M  2682     0 10172     0
PRG 2 EH   323  5779  7752  TS  0M  1973     0  9690     0
```

☞ GI는 TS, EMS는 0M이다.

② 출발지에서 목적지까지 운임 조회

FQDSELPRG/AKE/IL,X,O/CY/R,NUC

```
FQDSELPRG/AKE/IL,X,O/CY/R,NUC
ROE 1116.283752 UP TO 100.00 KRW
27JAN19**27JAN19/KE SELPRG/NSP;TS/TPM  5134/MPM  7752
LN FARE BASIS     OW   NUC  RT   B PEN  DATES/DAYS    AP MIN MAX R
01 YOW          1488.15          Y +    -      -    +  -   - M

27JAN19**27JAN19/KE SELPRG/NSP;EH/TPM  ...../MPM  8271
02 YOW          1488.15          Y +    -      -    -  -   - M

27JAN19**27JAN19/KE SELPRG/NSP;AP/TPM ...../MPM 12324
03 YOW          2735.32          Y +    -      -    -  -   - M
```

☞ GI는 TS이므로 1번 Line의 NUC 1488.15를 적용한다.

☞ GI를 지정한 운임조회도 가능하다.

☞ Entry : FQDSELPRG/AKE/IL,X,O/CY/R,NUC/VTS)

③ HIP 체크를 실시한다. (출발지에서 도중체류지점, 도중체류지점에서 목적지 운임 조회)

FQDSELZRH/AKE/IL,X,O/CY/R,NUC
FQDZRHPRG/ALX/IL,X,O/CY/R,NUC

```
FQDSELZRH/AKE/IL,X,O/CY/R,NUC
ROE 1116.283752 UP TO 100.00 KRW
27JAN19**27JAN19/KE SELZRH/NSP;TS/TPM  5456/MPM  8138
LN FARE BASIS     OW    NUC   RT  B PEN  DATES/DAYS   AP MIN MAX R
01 YOW          1718.82           Y +    -     -     + -   - - M
```

```
FQDZRHPRG/ALX/IL,X,O/CY/R,NUC
ROE 0.995998 UP TO 1.00 CHF
27JAN19**27JAN19/LX ZRHPRG/NSP;EH/TPM   323/MPM   387
LN FARE BASIS     OW    NUC   RT  B PEN  DATES/DAYS   AP MIN MAX R
01 YSRCLSP9     530.12            Y NRF  -     -     - -   - - R
02 YSRFLXP9     571.28            Y 80+  -     -     - -   - - R
03 YFF77WW      824.29            Y -    -     -     - -   - - M
```

☞ SEL ZRH구간은 NUC1718.82, ZRH PRG구간은 530.12를 적용한다.

☞ 출발지에서 목적지인 SEL PRG 운임보다 SEL ZRH 운임이 더 높아 HIP이 발생한다.

☞ EMS는 0M 이므로 할증하지 않는다.

④ 출발지 국가의 통화로 환산

FQC1718.82NUC/KRW

```
FQC1718.82NUC/KRW
CONVERSION OF NUC TO KRW
KRW 1918700 - ROUNDED AS FARES
KRW 1918690 - AMOUNT TRUNCATED
ROE USED 1 NUC = 1116.283752 KRW EFF 01JAN19
```

5) HIP 체크 시 주의사항

① EMS(초과거리 할증)가 적용되면 HIP운임에 할증한다.

	SEL		
KE	X/HKG	15M	
CX	REP	SELREP	
K6	DAD	--	842.90

SEL DAD	628.51
SEL REP	732.96
REP DAD	320.00

NUC	842.90
ROE	1116.283752
KRW	941000

☞ SEL REP HIP운임에 15% 할증

② HIP 체크는 운임마디 별로 실시한다.

	SEL	20M	
KE	TYO	TYOSIN	
SQ	SIN	--	2228.70
	///	5M	
SQ	OSA	OSASIN	
KE	SEL	1950.11	

SEL SIN	735.34
SEL TYO	300.05
TYO SIN	1857.25

☞ Outbound TYO SIN구간 HIP운임

NUC	4178.81
KRW	4664800

SEL SIN	735.34
SEL OSA	248.27
OSA SIN	1857.25

☞ Inbound OSA SIN구간 HIP운임

③ HIP 체크는 해당 운임마디의 운임 적용 방향대로 실시한다.

	SEL		M
KE	PAR		SELPAR
AF	ROM	÷	1562.55
BA	LON		M
SU	X/MOW		SELLON
KE	SEL		1562.55

SEL ROM	1352.79
SEL PAR	1562.55
PAR ROM	636.63

☞ Outbound의 운임 적용 방향대로

NUC	3125.10
ROE	1116.283752
KRW	3488500

SEL ROM	1352.79
SEL LON	1562.55
LON ROM	503.18

☞ Inbound의 운임 적용 방향대로

SEL LON, LON ROM으로 운임적용

④ 출발지에서 목적지까지 운임이 OW운임이면 HIP 체크 구간도 OW운임으로, 1/2RT운임이면 HIP 체크 구간도 1/2RT운임으로 실시한다.

SEL		M
KE TPE		TPEHKG
CX HKG	--	424.23
KE SEL		423.10

SEL HKG	423.10
SEL TPE	280.66
TPE HKG	424.23

☞ 출발지 목적지의 SEL HKG구간이 1/2RT운임을 적용하므로 HIP체크 구간도 1/2RT운임을 적용한다.

NUC	847.33
KRW	945900

⑤ HIP 체크 구간에 Routing 조건에 부합되면 Routing 운임 사용 가능하다.

		SEL	5M
KE	BKK	SELBKK	
VN	SGN --	620.80	
CI	X/TPE		M
KE	SEL	571.36	
NUC		1192.16	
KRW		1330800	

SEL SGN	571.36
SEL BKK	591.24
BKK SGN	272.22

☞ 출발지에서 도중체류 지점의 SEL BKK구간은 Routing조건에 부합되므로 Routing운임으로 HIP 체크 가능하다.

```
FQDSELBKK/AKE/IL,X,H/CY/R,NUC,-NML
ROE 1116.283752 UP TO 100.00 KRW
30JAN19**30JAN19/KE SELBKK/NML;EH/TPM  2286/MPM  2743
LN FARE BASIS      OW    NUC  RT   B PEN   DATES/DAYS      AP MIN MAX R
01 YRTKE                 591.24 Y  +      -       -        -   -   - R
02 YRT                   617.04 Y  +      -       -        -   -   - M
```

☞ 2개의 운임이 조회되었다. Routing조건에 맞다면 1번 Line의 저렴한 운임 사용 가능

```
FQR1
ROE 1116.283752 UP TO 100.00 KRW
30JAN19**30JAN19/KE SELBKK/NML;EH/TPM  2286/MPM  2743
LN FARE BASIS      OW    NUC  RT   B PEN   DATES/DAYS      AP MIN MAX R
01 YRTKE                 591.24 Y  +      -       -        -   -   - R
ADDON           SPECIFIED KE6000  ADDON          EFF20AUG16
  1 * SEL-BKK
```

☞ 출발지에서 도중체류 지점인 SEL BKK 구간의 운임은 승객의 여정을 확인해보면 SEL에서 바로 BKK으로 여행하므로 1번 Line의 Routing운임으로 HIP체크 가능하다.

운임 계산 수동 연습문제

(조건 : 오늘출발, Economy Class, 정상운임, 성인)

1

	SEL	
KE	AKL	
QF	SYD	--
KE	SEL	

2

	SEL	
KE	MLE	
UL	CMB	--

7 자동운임 계산

1) PNR 없는 경우 자동운임 계산 : FQP Entry 사용

2) 자주 사용하는 Option

요청내용	Option		위 치
항공사	/AKE		해당 도시 사이
날짜	/D10JUL		해당 도시 사이
BKG CLS	/CY		해당 도시 사이
비항공운송구간 (Surface)	--		해당 도시 사이
Stopover point & Surface	---		해당 도시 사이
Stopover point	-		해당 도시 뒤
Fare Break Point 지정	/BPAR		해당 도시 앞
Fare Break Point 미지정	/NPAR		해당 도시 앞
할인 운임 코드 지정	/RCH	소아(어린이)	
	/RIN	유아	
	/RAD75	여행사직원할인	Entry 맨 마지막
	/RAD50	여행사 직원 배우자 할인	
KE H Class 운임	/R,*NAP		

3) FQP Option 실행 시 주의사항

① 모든 도시를 체류하는 경우 체류 도시 뒤 – 생략가능

② 여정 상에 X/마크(체류 안함) 있는 경우 체류 도시 뒤 반드시 – 입력

③ 항공사와 Class 미지정한 경우는 앞의 항공사와 Class로 인식함

④ 운임분리지점은 시스템이 자동으로 지정

　그러나 임의로 다른 도시에서 지정하는 경우에는 해당도시 앞에 /B 지정

4) FQP 실습

① 조건 : 오늘 출발, 일반석, 정상운임

여 정	항공사	운임내역
SEL		20M
AKL	KE	SELAKL
SYD	QF	1742.98
	NUC	1742.98
	KRW	2356000

② FQP 실행

FQPSEL/AKEAKL/AQFSYD

```
FQPSEL/AKEAKL/AQFSYD

 * FARE BASIS *  DISC    *  PTC      * FARE<KRW> * MSG  *T
01 FOW         *         * 1         *  5040000  *RB    *Y
02 JOW         *         * 1         *  3311700  *RB    *Y
03 COW         *         * 1         *  3311700  *RB    *Y
04 YOW         *         * 1         *  2631700  *RB    *Y
```

③ 운임 선택

FQH4 : 4번 운임 선택 (세로 형식)

FQH4

FCP	AL	BK	TPM	MPM	EMA	EMS	R	GI	CC	NVB	NVA	BG
SEL												
AKL	KE	Y										1P
SYD	QF	O	7340	6220		20M	M	EH	KE		27MAY	30

```
                                     HIP:    SELAKL
FARE BASIS:YOW              AMOUNT IN NUC:       1742.98

TOTAL FARE CALCULATION:                         1742.98
ROE: 1351.671729                   FARE KRW:     2356000
TAX: YRVA            130200    YRVB          17100
     F1CA             36600    IASE          14200
     KKEC             20400    KKEM          20400
     WYDE             36800
 TOTAL:                                          2631700
```

Mileage System FQP 연습문제

1 조건 : 오늘 출발, EY CLS, Normal Fare

```
SEL
TPE    KE
SIN    CI
SEL    KE
              NUC
              KRW
```

1) FQP 실행

FQPSEL/AKETPE/ACISIN/AKESEL

```
FQPSEL/AKETPE/ACISIN/AKESEL

 * FARE BASIS *  DISC   *  PTC      * FARE<KRW> * MSG  *T
01 CRT+JRT     *        * 1         *    3886600 *RB    *Y
02 JRT+CRT     *        * 1         *    3380600 *RB    *Y
03 CRT         *        * 1         *    3380600 *RB    *Y
04 YRTLJ+YRT   *        * 1         *    2370900 *RB    *Y
05 YRT         *        * 1         *    2120900 *RB    *Y
06 YRT+MLE0Z*  *        * 1         *    1854600 *RB    *Y
07 YRT+QLEVZ*  *        * 1         *    1569600 *RB    *Y
```

2) 운임선택

FQH5

```
FQH5


 FCP  AL  BK TPM   MPM   EMA  EMS R GI CC  NVB   NVA    BG
 SEL
 TPE  KE  Y                                            1P
 SIN  CI  L  2922  3460         M EH KE     27MAY   1P
                          HIP:   TPESIN
 FARE BASIS:YRT           AMOUNT IN NUC:           849.24
  SEL KE  Y  2884  3460         M EH KE     27MAY   1P
 FARE BASIS:YRT           AMOUNT IN NUC:           559.52

 TOTAL FARE CALCULATION:                          1408.76
 ROE: 1351.671729             FARE KRW:           1904200
```

① 운임분리지점을 쓰시오.

② Outbound의 EMS를 쓰시오.

③ HIP 적용된 구간을 쓰시오.

④ HIP 운임을 NUC로 쓰시오.

⑤ 여정의 종류를 쓰시오.

여정 분석

① 여정 상의 X/마크(체류 안함) 유무 확인

· X/마크가 있는 경우 반드시 체류도시 뒤 - 입력 필요

· BOM 체류하지 않으므로 체류하는 BKK 도시 뒤 - 입력

② 비항공 운송구간 유무 확인

· 여정 상에 비항공 운송구간 있는 경우는 비항공 운송구간 두 도시 사이에 -- 입력

2 조건 : 오늘 출발, Economy Class, Normal Fare

```
FQP

    SEL
    BKK     KE
  X/BOM     AI
    MAA --  AI
                NUC
                KRW
```

3 조건 : 오늘 출발, 일반석, 정상운임

```
FQP

    SEL
  X/SIN     KE
    SYD --  QF
  X/BKK     QF
    SEL     KE
                NUC
                KRW
```

4 조건 : 7월 15일 출발, 일반석, 정상운임

```
FQP

    SEL
    MEL     KE
    AKL --  NZ
  X/HAN     NZ
    SEL     KE
                NUC
                KRW
```

5 조건 : 8월 23일 출발, 일반석, 정상운임

```
    SEL
X/MAD    KE
  FRA    IB
  ROM -- AZ
  SEL    KE
              NUC
              KRW
```

6 조건 : 8월 23일 출발, 일반석, 정상운임

```
    SEL
X/ZRH    KE
X/LON    LX
  EDI -- BA
              NUC
              KRW
```

7 조건 : 9월 5일 출발, 일반석, 정상운임

```
    SEL
    BKK    KE
    SGN -- VN
    X
    KUL --
X/HKG    CX
  PUS    KE
              NUC
              KRW
```

8 조건 : 9월 5일 출발, SEL/PAR C Class, PRG/SEL Y Class, 정상운임

```
SEL
PAR  --  KE
 X
PRG  --
SEL      KE
              NUC
              KRW
```

9 조건 : 10월 19일 출발, 일반석, 정상운임, 성인/소아

```
SEL
BKK     KE
DEL  -- TG
TPE     AI
SEL     KE
              NUC
              KRW
```

10 조건 : 11월 23일 출발, 일반석, 정상운임, 성인/소아

```
 SEL
X/HKG     KE
 JKT  --  CX
 BKK      GA
 SEL          KE
              NUC
              KRW
```

⓫ 조건 : 10월 16일 출발, 일반석, 정상운임, 성인/유아

```
SEL
BKK     KE
DPS  -- TG
 X
RGN --
X/SGN   VN
SEL     KE
              NUC
              KRW
```

⓬ 조건 : 9월 11일 출발, Business Class, 여행사직원 할인운임/배우자 운임

```
SEL
HKT -- KE
SEL    KE
            NUC
            KRW
```

Routing System FQP 연습문제

★ 다음 여정의 운임을 가장 저렴하게 계산하시오.

1 6월 30일 출발, 6개월체류, 예약완료 3일이내 발권

SEL	항공사	CLS	
DXB	KE	(	)
THR -	( )	(	)
AUH	( )	(	)
SEL	KE	(	)
		NUC	
		KRW	

2 7월 22일 출발, 4개월 체류, 예약완료 7일 후 발권, 성인/소아

SEL	항공사	CLS	
SYD	KE	(	)
MEL --	( )	(	)
X			
WLG --			
AKL	( )	(	)
SEL	KE	(	)
		NUC	
		KRW	

❸ 8월 17일 출발, 5개월체류, 예약완료 10일 후 발권, 성인/유아

SEL	항공사	CLS
PAR	KE	( )
WAW --	( )	( )
IST	( )	( )
SEL	KE	( )
		NUC
		KRW

종합 연습문제

1 다음 도시는 AREA2의 도시이다. SUB AREA가 다른 도시를 고르시오.

① MOW(러시아)　　　　　② ATH(그리스)

③ HEL(핀란드)　　　　　④ CAI(이집트)

2 AREA 3에 속하지 않는 도시를 고르시오.

① BJS(중국)　　　　　② CAS(모로코)

③ VVO(러시아)　　　　　④ SYD(호주)

3 다음 여정의 운임적용방향, 여정의 종류를 쓰고, 운임(OW운임, 1/2RT운임)을 선택하시오.

　① SEL　　　　　② SEL

　　SIN --　　　　　　BKK --

　　CAI --　　　　　　PUS

　　SEL

4 세계일주 여정에 대한 설명으로 틀린 것을 고르시오.

① 전 구간 항공편을 이용한다

② 일정한 한 방향으로 여정이 진행되며 최초 출발도시로 되돌아온다

③ 대서양과 태평양 중 하나만 횡단한다

④ SEL/TYO/LAX/PAR/BKK/SEL

5 다음 여정에 대한 설명으로 틀린 것을 고르시오.

```
SEL
BKK    M
SIN  - 555.42
 X
JKT  -
SGN    M
SEL    633.49
```

① 운임분리지점은 SIN 과 JKT이다

② 두개의 운임마디 모두 EMS가 발생하지 않았다

③ CT 여정이다

④ 비항공운송구간을 제외하고 운임마디를 나누어 계산하였다

6 다음 여정의 종류가 다른 하나를 고르시오.

① OSA	② SEL	③ SEL	④ SEL
SIN - 2245.01	SYD M	HKG 5M	CAI - 1285.20
OSA 2245.01	AKL - 1310.76	MNL - 364.19	DXB M
NUC 4490.02	SEL 1310.76	SEL 346.85	SEL 1285.20
	NUC 2621.52	NUC 711.04	NUC 2570.40

7 OJT(가위벌린 여정)에 대한 설명으로 틀린 것을 고르시오.

① SEL/BKK/PUS 여정은 OSOJT 여정이다.

② 국제선 운임마디가 2개이고 비항공 운송구간이 국내선인 경우는 1/2RT운임을 적용한다.

③ 편도 여정의 형태이다.

④ 비항공 운송구간이 존재하여 항공여정이 중단된 여정이다.

8 다음은 통화규정에 대한 설명이다. 틀린 것을 고르시오.

① 가상의 중립통화 NUC는 소수점 둘째자리까지 사용하고 나머지는 버린다.

② 항공환율인 ROE는 출발일 기준으로 적용한다.

③ 출발지 국가 통화운임은 NUC X ROE 하면 된다.

④ NUC는 출발일 기준으로 적용한다.

9 다음 여정의 방향지표(GI : Global Indicator)를 고르시오

SEL – TYO – SFO – RIO

① AP   ② AT   ③ PA   ④ TS

10 다음 여정의 TPM의 합과 MPM을 쓰시오.

SEL – BKK – DXB – CAI

11 다음 여정은 하나의 운임마디로 계산 가능한지의 여부와 그 이유를 쓰시오.

SEL – SIN – KUL – KTM

⓬ 다음 조건으로 가장 저렴하게 계산한 운임에 대한 설명으로 틀린 것을 고르시오.

> 조건 : 12월 20일 출발, 4개월 체류, 예약 완료 3일이내 발권
> SEL
> KTM   KE
> DAC - (   )
> BKK   (   )
> SEL   KE

① L Class의 운임을 적용한다.

② 적용운임은 6개월의 유효 기간이다.

③ KTM - DAC 구간 이용 항공사는 PG/TG/BG 항공사이다.

④ 최소체류기간은 제한이 없다.

⓭ 다음 운임 조회 화면에 대한 설명으로 틀린 것을 고르시오.

```
FQDSELMLE/AKE/D20NOV/IL,X,R
ROE 1361.649012 UP TO 100.00 KRW
20NOV24**20NOV24/KE SELMLE/NSP;EH/TPM  4078/MPM  4893
LN FARE BASIS    OW    KRW RT  B PEN  DATES/DAYS   AP MIN MAX R
01 KNEVZRKT            1174000 K +    -       -    + + -   6M R
02 ENEVZRKT            1297000 E +    -       -    + + -   6M R
03 HNE0ZRKT            1447000 H +    -       -    + - -   6M R
04 SNE0ZRKT            1638000 S +    -       -    + - -   6M R
05 MNE0ZRKT            1870000 M +    -       -    + - -  12M R
06 BNE0ZRKT            2157000 B +    -       -    + - -  12M R
07 YRT                 2667100 Y -    -       -    + - -   - M
```

① 11월 20일 출발, KE 왕복운임을 조회하였다.

② 조회된 모든 운임은 Penalty(수수료)가 있다.

③ 1번과 2번 운임은 AP(사전 구입)조건에 제한이 있다.

④ 3번 운임의 Routing조회는 FQR3으로 확인한다.

⓮ 위 13번 문제의 4번 운임의 사전구입 조건과 수수료 규정을 확인하는 규정(Rule) 조회 Entry를 쓰시오.

⑮ 다음 조건으로 운임을 조회하는 Entry를 순서대로 쓰시오.

> 조건 : 서울-자카르타, 10월 15일 출발,GA항공, 타 항공사 List없이, 가장 저렴하게, 편도
> 운임, NUC로 조회

⑯ 다음은 Routing System에 대한 설명이다. 틀린 것을 고르시오.

① 지정된 경유도시, 항공사, Booking Class를 모두 준수하면 출발지에서 목적지
운임을 그대로 징수한다

② Routing Map에 공시된 방향의 반대방향으로 적용할 수 없다

③ 경유도시는 생략가능 하지만 임의로 추가할 수는 없다

④ Mileage System 관련 규정인 EMS, HIP은 적용하지 않는다

⑰ 할인운임에 대한 설명으로 틀린 것을 고르시오.

① 유아운임은 최초 여행일 기준 만 2세 미만의 좌석 비점유 승객에게 적용된다.

② 비동반 소아운임은 만 5세이상 만 12세 미만 성인 보호자 없이 혼자 여행하는
승객 또는 보호자와 동반하는 소아이나, 보호자와 Cabin Class가 다른 경우에도
적용한다.

③ 선원운임은 일반석의 편도 여정에 대해서만 할인이 적용된다.

④ 여행사직원 할인운임의 유효 기간은 출발일로부터 3개월이며, 첫번째 구간은
해당 연말까지 사용해야한다.

⑱ Fare System의 기본 Entry의 기능으로 틀린 것을 고르시오.

① FQM : Mileage 조회　　　　　　② FQR : Routing 조회

③ FQN : Fare Rule 조회　　　　　④ FQP : PNR 있는 경우 자동운임 계산

19 다음은 Mileage 기본 규정에 대한 설명이다. 틀린 것을 고르시오.

① Mileage 기본 규정의 3대요소는 TPM, MPM, EMS이다.

② TPM은 항공편이 운항중인 구간에만 설정되어 있다.

③ MPM은 항공편이 운항하지 않아도 설정되어 있고, GI별로 동일하게 적용된다.

④ 할증률이 25%를 초과하면 하나의 운임마디로 계산할 수 없다.

20 다음은 Mileage 보완규정인 HIP(중간높은운임)에 대한 설명이다. 틀린 것을 고르시오.

① EMS가 적용된 운임마디에 HIP이 발생하면 HIP운임에 할증한다.

② 운임마디 별로 실시한다.

③ 운임마디의 운임적용방향이 아닌 여정진행방향으로 실시한다.

④ 도중체류 도시가 존재하면 반드시 실시한다.

21 다음 여정의 Stopover와 Transfer 횟수를 쓰시오.

```
    SEL
 X/HKG
    BKK
    JKT  --
    SIN
 X/KUL
    SEL
```

정 답

3 ▶ 14p

	도시코드	도시	국가	Sub Area	Area
1)	ATH	아테네	그리스	유럽	2
2)	BJS	베이징	중국	동남아시아	3
3)	DXB	두바이	아랍에미레이트	중동	2
4)	AKL	오클랜드	뉴질랜드	남서태평양	3
5)	NBO	나이로비	케냐	아프리카	2
6)	CAI	카이로	이집트	중동	2
7)	BOM	뭄바이	인도	남아시아	3
8)	JNB	요하네스버그	남아프리카공화국	아프리카	2
9)	HAV	아바나	쿠바	카리브해	1
10)	CAS	카사블랑카	모로코	유럽	2
11)	LIM	리마	페루	남미	1
12)	TIP	트리폴리	리비아	아프리카	2
13)	HAN	하노이	베트남	동남아시아	3
14)	YOW	오타와	캐나다	북미	1
15)	SYD	시드니	호주	남서태평양	3
16)	MOW	모스크바	러시아	유럽	2
17)	THR	테헤란	이란	중동	2
18)	OKA	오키나와	일본	한국/일본	3
19)	CUN	칸쿤	멕시코	북미	1
20)	BOS	보스턴	미국	북미	1
21)	NAN	나디	피지	남서태평양	3
22)	RIO	리우데자네이로	브라질	남미	1
23)	GUM	괌	괌	동남아시아	3
24)	KWI	쿠웨이트	쿠웨이트	중동	2
25)	FRA	프랑크푸르트	독일	유럽	2
26)	LON	런던	영국	유럽	2
27)	PUS	부산	한국	한국/일본	3
28)	SPK	삿포로	일본	한국/일본	3
29)	KUL	쿠알라룸푸르	말레이지아	동남아시아	3
30)	IST	이스탄불	튀르키예	유럽	2

종합 연습문제 정답

1 ④

2 ②

3 ① ↓ ↓ ↑, CT, 1/2RT운임　　　　② ↓ ↑, OSOJT, 1/2RT운임

4 ③

5 ③

6 ③

7 ③

8 ②

9 ③

10 6831, 6300

11 하나의 운임마디로 계산불가, 25% 초과

12 ③

13 ②

14 FQN4//AP,PE

15 FQDSELJKT/D15OCT.AGA/IL,X,O/R,NUC

16 ②

17 ④

18 ④

19 ③

20 ③

21 S/O 2회, T/F 4회

TOPAS Sellconnect
Fare & Ticketing
Practice

발권

1 ▶ IATA

1) IATA 소개

① International Air Transport Association

② 국제 항공 운송 협회

③ 항공 운송의 발전에 따라 국가간 이해관계 조정 및 항공 운송에 예상되는 각종 절차의 표준화를 목적으로 1945년 4월 쿠바 아바나에서 설립되었다.

④ ICAO(International Civil Aviation Organization : 국제 민간 항공 기구)와 협의한다.

⑤ IATA의 각 지역별 본부는 Area 1은 캐나다 몬트리올, Area 2는 스위스 제네바, Area 3은 싱가폴에 위치하고 있다.

2) IATA 주요 기능

① 국제선 항공 운임의 결정

② IATA 규정 제정(운임 및 서비스의 조건, 운송 절차, 대리점에 관한 규정)

③ 대리점(여행사) 인가

④ BSP 관련 업무

2 BSP

1) BSP 소개

① Billing Settlement Plan의 약어로 국제선 항공권 판매대금 은행 정산 제도이다.

② 항공사와 여행사 간의 거래에서 발생하는 국제선 항공 여객운임을 다자간 개별적으로 직접 결제하는 방식 대신 정산은행을 통하여 일괄 정산한다.

③ 여행사에서 발권한 각 항공사의 판매 내역이 BSP의 전산처리센터인 DPC(Data Processing Center)에 매일 전송되어 여행사별 Billing(판매대금 청구서)이 생성된다.

④ 여행사는 정해진 입금일에 판매대금을 BSP KOREA에 입금해야 한다.

⑤ 이러한 업무 절차들은 IATA Resolution(규정)에 의거하여 이루어 지고 있다.

2) BSP 기능

① 담보관리 및 항공권 불출 승인   ② 항공권 재고관리   ③ 항공권 판매보고, 입금관리

3) IATA 가입여부에 따른 여행사 구분

① BSP(Billing Settlement Plan) 여행사

• IATA에 적정한 담보를 제공하고 인가를 받은 후에 BSP에 가입된 항공사의 항공권을 여행사 자체적으로 발권 가능하다.

② ATR(Air Ticket Request) 여행사

• IATA에 인가를 받지 않고 자체적으로 항공권을 발권하지 않고 항공사나 BSP 여행사에 발권을 요청하는 형태의 여행사를 의미한다.

4) BSP 업무 Flow

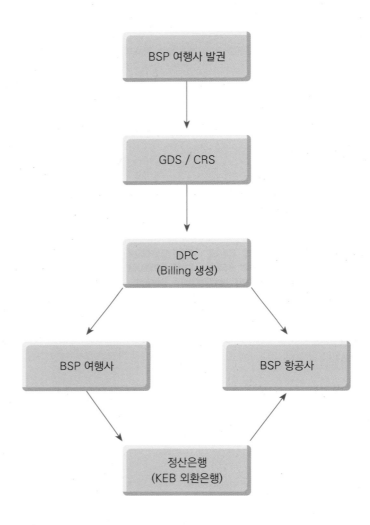

3 ▶ E - Ticket

1) E – Ticket 개요

- Electronic Ticket(전자항공권)
- 항공권의 모든 세부사항이 발권 항공사의 Data Base에 저장되어 사용자가 필요 시 자유롭게 조회하여 업무 처리 가능한 발권 형태이다.

2) 항공권의 유효 기간

- 국제선 항공권의 유효 기간은 적용 운임을 기준으로 정해진다.
- 정상운임의 경우 첫 구간은 항공권 발권일로부터 1년이며 나머지 구간은 첫 구간을 사용일로부터 1년이다.
- 특별운임의 경우 해당 규정에 따라 유효 기간이 다르며 최대/최소 체류기간을 함께 제한하는 경우가 대부분이다.
- 항공권은 유효 기간 만료일 자정까지 유효하며 마지막 구간 여정의 출발 도시를 기준으로 만료일 자정 이전까지만 개시하면 된다.

🍎 일(Day) 규정과 월(Month)규정의 유효 기간 계산 방법

구 분	유효 기간
Day 규정	① 15일의 유효 기간 운임 적용 ☞ 5월 10일 출발 + 15일 → 5월 25일 유효 기간
Month 규정	② 1개월의 유효 기간 운임 적용 ⓐ 출발일로부터 유효 기간 만료 월의 동일일자까지 유효 ☞ 2월 10일 출발 → 3월 10일 유효 기간 ⓑ 말일은 유효 기간 만료 월의 말일까지 유효 ☞ 2월 28(29)일 출발 → 3월 31일 유효 기간

3) ITR(Itinerary & Receipt)

- 여정 발급 확인서 또는 전자항공권 발행 확인서라고도 호칭한다.
- 항공권의 세부 내역과 법적 고지문 등을 안내하는 증표이다.
- 발권 후 E-Mail 이나 Fax로 고객에게 전달하여 상대국 입국 시 항공권 제시를 요청 받을 수 있으므로 여행기간 내내 소지하도록 해야 한다.

승객성명	Passenger Name	LEE/BONGWONMR	전자항공권 발행확인서
예약번호	Booking Reference	1475-2221	e-Ticket Itinerary & Receipt
항공권번호	Ticket Number	1805195247361	Provided by TOPAS

1425 / 30JAN18

여정 Itinerary

편명 Flight KE0827 (예약번호:VXNP7J) Operated by KE(KOREAN AIR)
* 대한항공은 인천공항 제2여객터미널에서 운항합니다.

출발 Departure	서울(ICN/Incheon intl)	31JAN18(수)	08:15 Local Time	Terminal No. : 2
도착 Arrival	심천(SZX/Shenzhen)	31JAN18(수)	11:25 Local Time	Terminal No. : -

예상비행시간	Flight Time	04H 10M	SKYPASS 마일리지	SKYPASS Miles	1281
예약등급	Class	M (일반석)	항공권 유효기간	Not Valid Before	-

* 예약등급은 항공사 FLIGHT 정보에 따라 표기 내용과 상이할 수 있습니다.

좌석 타입	Seat Type	-		Not Valid After	31JAN19
예약상태	Status	OK (확약)	수하물	Baggage	1PC
운임	Fare Basis	MHEKC			
기종	Aircraft Type	AIRBUS INDUSTRIE A330-300			

편명 Flight KE0828 (예약번호:VXNP7J) Operated by KE(KOREAN AIR)

출발 Departure	심천(SZX/Shenzhen)	02FEB18(금)	12:40 Local Time	Terminal No. : -
도착 Arrival	서울(ICN/Incheon intl)	02FEB18(금)	17:00 Local Time	Terminal No. : 2

예상비행시간	Flight Time	03H 20M	SKYPASS 마일리지	SKYPASS Miles	1281
예약등급	Class	B (일반석)	항공권 유효기간	Not Valid Before	-

* 예약등급은 항공사 FLIGHT 정보에 따라 표기 내용과 상이할 수 있습니다.

좌석 타입	Seat Type	-		Not Valid After	31JAN19
예약상태	Status	OK (확약)	수하물	Baggage	1PC
운임	Fare Basis	BHEKC			
기종	Aircraft Type	AIRBUS INDUSTRIE A330-300			

* 할인 또는 무임 항공권의 경우 예약 등급에 따라 마일리지 적립률이 상이하거나 마일리지가 제공되지 않습니다.
* 항공기 기종은 사전고지 없이 항공사 사정으로 변경될 수 있습니다. 또한 항공기 교체 등의 부득이한 사유로 선택하신 좌석이 변경될 수 있으니 탑승수속 시 기종 및 좌석번호를 재확인해 주시기 바랍니다.
* 모든 정보는 항공사나 공항 사정에 의해서 변경될 수 있습니다.

항공권 운임정보 Ticket/Fare Information

연결항공권	Conj.Ticket No.	-
운임산출내역	Fare Calculation	SEL KE SZX302.94KE SEL348.84NUC651.78END ROE1089.320000
산출운임	Fare Amount	KRW 710000 (Paid Amount KRW 710000)
지불화폐	Equiv. Fare Paid	
세금/항공사 부과 금액	Taxes/Carrier-imposed Fees	Paid Amount KRW 58600
* 세금	Taxes	KRW 28000BP 15200CN

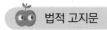

법적 고지문

 ※ 상기 이외의 제한사항이 있을 수 있습니다. 상기 제한사항 및 기타 제한사항에 대한 문의는 항공권 구입처나 대한항공으로 문의하여 주시기 바랍니다.

계약 조건 및 중요 안내사항

여객의 최종 목적지 또는 도중 착륙지가 출발 국 이외의 타국 내의 일개 지점일 경우, 해당 여객은 출발지 국 또는 목적지 국 내의 구간을 포함한 전체 여행에 대하여 소위 몬트리올 협약, 또는 수정된 바르샤바 협약 체제를 포함한 선행 협약인 바르샤바 협약으로 알려진 국제 협약들의 규정이 적용될 수 있음을 알려 드립니다. 이러한 여객들을 위하여, 적용 가능한 태리프에 명시된 특별 운송 계약을 포함한 제 협약은 운송인의 책임을 규정하고 제한하기도 합니다.

책임 제한에 관한 고지

몬트리올 협약 또는 바르샤바 협약 체제에 속한 협약이 귀하의 여행에 적용될 수 있으며, 이러한 협약들은 사망 또는 신체 상해, 수하물의 분실 또는 손상, 운송 지연 등에 대하여 항공 운송인의 책임을 제한할 수 있습니다.

몬트리올 협약이 적용되는 경우, 책임 한도는 다음과 같습니다.

1. 사망 및 신체 상해의 경우 운송인의 손해 배상액에는 제한이 없습니다.
2. 수화물의 파괴, 분실, 손상 및 지연의 경우, 대부분의 경우 여객 1인당 1,131 SDR(약 1,200 유로, 1,800 US달러 상당액)로 제한됩니다.
3. 지연으로 인한 손해에 관하여는 대부분의 경우 여객 1인당 4,694 SDR(약 5,000 유로, 7,500 US달러 상당액)로 제한됩니다.

EC Regulation 889/2002는 유럽 연합 회원국 운송인들에게 여객 및 수하물의 운송에 대하여 몬트리올 협약의 책임 제한에 관한 조항들이 적용되도록 규정하고 있습니다. 유럽연합 이외 지역의 다수 운송인들도 승객과 수하물의 운송에 대하여 몬트리올 협약의 규정을 따르고 있습니다.

바르샤바 협약 체제에 속한 협약이 적용되는 경우 다음의 책임 한도액이 적용됩니다.

1. 여객의 사망 및 신체 상해에 대하여 헤이그 의정서에 의하여 개정된 협약이 적용되는 경우 책임 한도액은 16,600 SDR(약 20,000 유로, 20,000 US달러 상당액), 바르샤바 협약이 적용되는 경우에는 8,300 SDR(약 10,000 유로, 10,000 US달러 상당액)로 제한 됩니다. 다수의 운송인들은 자발적으로 이러한 책임 제한을 포기한 바 있으며, 미국의 관련 법규는 미국을 출발, 도착지로 하거나 미국 내에 예정된 기항지가 있는 여행의 경우 책임 한도액을 75,000 US 달러 보다 많을 수도 있도록 요구하고 있습니다.
2. 위탁 수하물의 분실, 손상 또는 지연에 대하여는 킬로그램 당 17 SDR(약 20 유로, 20 US달러 상당액), 휴대 수하물은 332 SDR(약 400 유로, 400 US달러 상당액).
3. 운송인은 지연으로 인한 손해에 대하여 책임을 부담할 수도 있습니다.

항공 여행에 적용될 책임 한도에 관한 자세한 사항은 해당 운송인으로부터 제공 받으실 수 있습니다. 다수의 운송인 들이 포함된 여정일 경우, 적용될 책임 한도에 대하여 각 운송인에게 문의하시기 바랍니다.

귀하의 여행에 어떠한 협약이 적용되든지, 여객은 탑승 수속 시 수하물의 가격을 신고하고 추가 요금을 지불함으로써 수하물의 분실, 손상 또는 지연에 대하여 높은 책임 한도액을 적용 받을 수 있습니다. 또한 대안으로써, 귀하의 수하물 의 가치가 적용 가능한 책임 한도액을 초과하는 경우, 여행 전에 충분한 보험에 가입하시기 바랍니다.

제소 기간 : 손해 배상을 위한 소송은 항공기가 도착한 날 또는 도착되었어야 할 날짜로부터 2년 내에 제기되어져야 합니다.

수하물 배상 청구 : 수하물 손상의 경우 운송인으로의 통보는 위탁 수하물을 수령한 날짜로부터 7일 이내에, 지연의 경우에는 여객이 수하물을 처분할 수 있게 된 날짜로부터 21일 이내에 서면으로 하셔야 합니다.

4 E - Ticket 정보 조회

- 발권국가의 E-Ticket 환경과 항공사의 발권정보를 발권 전에 확인작업이 필요하다.

1) BSP 가입 항공사 조회(한국)

TGBD-KR   ⟶

TG : Table aGreement

BD : BSP Display

KR : 한국 국가코드

```
>  TGBD-KR

--BSP/ARP PLAN FOR: KR  REPUBLICOFKOREA
AA    AC    AD    AE    AF    AI    AM    AR
AT    AV    AY    AZ    BA    BI    BR    BT
BX    B7    CA    CI    CM    CX    CZ    DL
DT    EK    ET    EY    FI    FJ    GA    GE
GF    GS    G3    HA    HM    HO    HR    HU
HX    HY    IZ    JJ    JL    JP    KC    KE
KL    KQ    KU    K6    LA    LH    LJ    LO
LX    LY    MD    MF    MH    MK    MS    MU
NH    NX    NZ    OK    OM    OS    OU    OZ
PC    PG    PR    PS    PW    PX    QF    QR
QV    RJ    SA    SB    SC    SK    SQ    SU
SV    SZ    S7    TG    TK    TP    TW    TZ
UA    UL    UO    US    UX    VJ    VN    VT
WP    WY    W2    XB    ZE    ZH    Z2    Z8
3U    7C    8M    9B    9W
```

☞ 한국에서 BSP 발권이 가능한 항공사 List 확인이 가능하다.

TGBD-KR/KE

```
>   TGBD-KR/KE

KE   IS A BSP AIRLINE OF KR   REPUBLICOFKOREA
```

☞ 특정 항공사를 지정하여 확인도 가능하다.

2) TOPAS로 E-Ticket 발권 가능 항공사 조회(한국)

TGETD-KR ⟶

TG   Table aGreement

ETD E Ticket Display

KR   한국 국가코드

```
>   TGETD-KR

COUNTRY          KR

ELECTRONIC TICKETING CARRIERS

AA     AC     AD     AE     AF     AI     AM     AT
AV     AY     AZ     BA     BI     BR     B7     CA
CI     CM     CX     CZ     DL     DT     EK     ET
EY     FI     FJ     GA     GE     GF     GP     GS
G3     HA     HM     HO     HR     HU     HX     JJ
JL     JP     KC     KE     KL     KQ     K6     LA
LH     LJ     LO     LX     LY     MD     MF     MH
MI     MK     MS     MU     NH     NW     NX     NZ
OK     OM     OS     OU     PC     PG     PR     PS
PW     PX     QF     QR     QV     SA     SB     SC
SK     SQ     SU     SZ     S7     TG     TK     TP
TW     TZ     UA     UL     UO     UX     U4     VJ
VN     VT     WY     W2     XF     ZE     ZH     Z8
3U     7C     8M     9B     9W
```

☞ 한국 시장에서 TOPAS System으로 발권 가능한 항공사 List 확인 가능하다.

① KA 항공사는 한국 시장에서 TOPAS로 E-Ticket 발권이 가능한가?

② CI 항공사는 한국 시장에서 TOPAS로 E-Ticket 발권이 가능한가?

3) 항공사간의 정산 가능항공사 List 조회(한국)

TGGSD-KR   →

TG   Table aGreement

GSD   General Sales Display

KR   한국 국가코드

```
>  TGGSD-KR

COUNTRY  -   KR
                          GENERAL SALES AGENT
AA -       US
AF -       UU
AV -       O6
AZ -       EY
BA -       IB    VY
CA -       ZH
CI -       AE
CX -       KA
EY -       AZ    9W
FI -       NY    QS
GP -       HM
HR -       AD    AE    AH    AM    AR    AS    AT    AV    AZ    A3
           A9    BB    BD    BE    BG    BI    BJ    BM    BP    BR
           BT    BV    BW    B2    B4    B5    B7    CA    CG    CI
           CM    CU    CX    CZ    DE    DV    D2    D6    EI    EK
           EL    EN    EQ    ET    EY    E7    FB    FJ    FS    FZ
           F7    GA    GF    GR    G3    HF    HM    HO    HR    HU
           HX    HY    HZ    H1    H2    IE    IG    IY    IZ    JF
           JG    JJ    JL    JP    JU    JY    J2    J8    KA    KC
```

☞ UU항공은 AF항공 Stock으로 발권 후에 AF와 UU 정산 가능

☞ 즉, UU항공으로 예약 후 AF로 발권 → 추후 UU와 AF 가 정산

☞ 주로 BSP 미 가입 항공사이거나 TOPAS로 발권이 안 되는 경우 많이 사용한다.

```
>  TGBD-KR/UU

/
AIRLINE NOT IN TABLE
```

4) 특정 항공사와의 연결 발권 가능 조회

TGAD-KE/SQ ⟶ TG Table aGreement

AD Airline Display

```
>   TGAD-KE/SQ

 --AIRLINES HAVING AGREEMENT WITH: KE
 SQ  T P E
```

☞ KE와 SQ는(T P E) 협정이 되어있다.

(T - Paper Automatically TKT, P - PTA, E - Electronic Ticket)

① 해당 여정은 연결 발권이 가능한가?

```
 1  KE 643 Y 10MAY 5 ICNSIN DK1  1445 1955  10MAY  E  0 773 M
    SEE RTSVC
 2  GA 823 K 15MAY 3 SINCGK DK1  0725 0815  15MAY  E  0 738 H
    BAGGAGE ALLOWANCE 30 KGS
    SEE RTSVC
```

② 해당 여정은 연결 발권이 가능한가?

```
 1  KE 905 Y 15JUN 6 ICNFRA DK1  1305 1740  15JUN  E  0 74H LD
    SEE RTSVC
 2  LH 106 Y 20JUN 4 FRAMUC DK1  1315 1410  20JUN  E  0 321 S
    SEE RTSVC
```

```
>   TGAD-KE/LH

 /
 AIRLINE NOT IN TABLE
```

5) 항공사의 E-Ticket 조건 조회

- 각 항공사별로 E-Ticket 환경과 조건은 다르므로 확인이 필요하다.

HEETTKE → MS22 ⟶

HE	Help
ETT	E Ticket Table
KE	항공사
MS22	Market Summary 번호

```
>  HEETTKE

                        KE E-TICKET              EN    3MAY17 0944Z

   MARKET                                              REFERENCE
   ------                                              ---------
   AD AE AR AU AZ BE BG BH BO BR CA CH CL CO           MS22
   CR CR CY CZ DK EC EE EG ES FI FM FR GB GE
   GF GP GU HK HR HU ID IE IL IN IS IT JO JP
   KE KG KH KR KW KZ LK LS LT LU LV MH MN MO
   MP MQ MT MX MY NG NL NO NP NZ OM PA PE PH
   PL PT PW QA RE RO RU SC SE SG SI SK SZ TH
   TR TW UA ZA ZA GR


   AT DE                                                MS70


   US                                                   MS112


   VN                                                   MS150
```

☞ 한국의 국가코드인 KR은 MS22번에 있다.

```
>  MS22

                    KE E-TICKET              EN    3MAY17 0944Z


KE ELIGIBILITY RULES FOR E-TICKETING IN THE FOLLOWING MARKETS:
JP ES FR IN NO SG SE TH GB IT NL SK IE NZ CH TW TR AU BE DK MY
PH CA CZ HK LU MH MP PW GU HU FM ID MO AD GF GP MQ RE IS SC SI
MX BR RU HR CY PT EG FI VN MN QA OM BH AE UA PE MT CL BO KE KZ
KG CO NG ZA LK EE LT LV RO BG AR NP EC PA CR CR KR IL PL JO KW




(Y - SUPPORTED, N - NOT SUPPORTED)
ABP ALLOWED                :N    FOID MANDATORY              :N
INF TICKET ALLOWED         :Y    MAX NUMBER OF PASSENGERS    :9
UMNR TICKET ALLOWED        :Y    GROUP PNRS ALLOWED          :Y
CONJUNCTION TKT ALLOWED    :Y    MAX NUMBER OF SEGMENTS      :16
MULTI TOUR CODES ALLOWED   :N    OPEN SEGMENTS ALLOWED       :Y
FY BULK (US ONLY) ALLOWED  :N    CONF SEG MANDATORY WITH OPEN :Y
IT/BT FARES ALLOWED        :Y    WAITLISTED SEGMENTS ALLOWED :Y
NET REMIT ALLOWED          :Y    CONF SEG MANDATORY WITH W/L :N
NEGO FARES ALLOWED         :Y    PASSIVE SEGMENTS ALLOWED    :Y
```

① TG는 비동반 소아 발권이 가능한가?

② AC로 발권 시 한번에 발권 가능한 최대 인원 수는 몇 명인가?

5 발권 구성요소

1) 구성요소 소개

(1) 필수 구성요소

① TST(Transitional Stored Ticket) : 운임과 발권 관련 정보가 입력되어 있는 항목

② FM Element : Commission(발권 수수료)

③ FV Element : Validating Carrier(발권 항공사)

④ FP Element : Form of Payment(지불수단)

(2) 선택 구성 요소

① FE Element : Endorsement 및 Restriction(항공사 양도여부와 제한사항)

② FT Element : AUTH No 및 Tour Code(항공운임에 대한 항공사 승인번호)

③ DISC Element : Discount 금액 설정(TTN/D)

2) TST

(1) TST 개요

① PNR에 저장된 운임 및 발권 관련 정보로 발권 시 반드시 필요한 필수 요소이다.

② TST를 생성 TST생성일, Office ID, 생성자 Sign Code가 함께 저장된다.

③ 각 여정별로 승객 당 최대 10개의 TST 생성 가능하며 여정 중복은 불가하다.

④ 동일여정, 동일운임, 동일 지불 수단의 경우 하나의 TST로 복수 승객 적용 가능하다.

⑤ 복수 승객으로 연결된 TST중 한 승객의 조건이 변경 된 경우, 새로운 TST가 생성된다.

⑥ TST는 생성한 당일자정까지 유효하므로 그 이후 발권할 경우 다시 TST생성해야 한다.

⑦ TST 생성시 PNR 상단에 TST RLR 메시지가 보여진다.

(2) TST 종류

① Automatic TST(AST) : FXP ENTRY 사용시 자동 생성
- 비항공 운송구간(ARNK)를 포함하여 16개 여정까지 가능하다.
- 운임 산출 방식(FCMI : Fare Calculation Mode Indicators)이 숫자 0으로 표시된다.

② Manual TST(MST)
- TST를 수동으로 입력하거나, 자동으로 생성된 TST를 수정하는 경우 사용한다.
- 운임 산출 방식(FCMI : Fare Calculation Mode Indicators) 이 숫자 1로 표시된다.

(3) TST 생성절차

① PNR 조회
② TST 생성(FXP)
③ 여러 운임이 조회되는 경우 Line번호를 이용하여 운임을 선택한다.(FXT2)
☞ 하나의 운임이 조회되는 경우 FXT생략
④ TST 저장 및 조회(ER)
⑤ 생성된 TST 조회(TQN)

(4) TST 조회 Entry

구 분	설 명
TQN/P1　　TQN/P1-2　　TQN/P1,3,5	승객 번호 지정 조회
TQN/T1	TST 번호 지정 조회
TQN/INF	유아 TST 조회

(5) TST 생성 예시

RT6868-2244 → FXP → ER → TQN

① 발권할 PNR 조회

RT6868-2244

```
--- RLR ---
RP/SELK1394Z/SELK1394Z              AA/SU   31JAN19/1613Z   K74EWI
6868-2244
  1.KOO/SUN MS
  2  KE 607 E 10MAY 5 ICNHKG HK1  1945 2230  10MAY  E  KE/K74EWI
  3  KE 608 E 20JUN 4 HKGICN HK1  0045 0525  20JUN  E  KE/K74EWI
  4 AP SEL 1566-0014 - TOPAS TRAINING UNIVERSITY - A
  5 TK OK31JAN/SELK1394Z
```

② TST 자동 생성

FXP

```
FXP

01 KOO/SUN MS

LAST TKT DTE 04FEB19/23:59 LT in POS - SEE ADV PURCHASE
----------------------------------------------------------------
      AL FLGT  BK   DATE   TIME   FARE BASIS      NVB   NVA   BG
 SEL
 HKG KE   607 E    10MAY 1945   ELEVZRKC              10NOV 1P
 SEL KE   608 E    20JUN 0045   ELEVZRKC              10NOV 1P

 KRW    440000     10MAY19SEL KE HKG197.08KE SEL197.08NUC
                   394.16END ROE1116.283752
 KRW      9600-YR  XT KRW 17100-HK KRW 12900-G3 KRW 7200-I5
 KRW     28000-BP
 KRW     37200-XT
 KRW    514800
```

③ TST 저장 및 조회

ER → ER 두 번 실행

```
>  ER

WARNING: KE REQUIRES TICKET ON OR BEFORE 04FEB:1900/S2-3
*TRN*

>  ER

--- TST RLR ---
RP/SELK1394Z/SELK1394Z                    AA/SU   31JAN19/1616Z   K74EWI
6868-2244
  1.KOO/SUN MS
  2   KE 607 E 10MAY 5 ICNHKG HK1  1945 2230  10MAY  E  KE/K74EWI
  3   KE 608 E 20JUN 4 HKGICN HK1  0045 0525  20JUN  E  KE/K74EWI
  4 AP SEL 1566-0014 - TOPAS TRAINING UNIVERSITY - A
  5 TK OK31JAN/SELK1394Z
  6 OPW SELK1394Z-01FEB:1900/1C7/KE REQUIRES TICKET ON OR BEFORE
        04FEB:1900/S2-3
  7 OPC SELK1394Z-04FEB:1900/1C8/KE CANCELLATION DUE TO NO
        TICKET/S2-3
  8 FE PAX 3.NONENDS. RISS CHRG APPLY. RFND PNTY APPLY. NO MILE
        UG./S2-3
  9 FV PAX KE/S2-3
```

☞ 좌측 상단의 TST 코드가 보여지며 TST가 생성되었음을 의미한다.

☞ 8번 라인에 FE항목이 자동으로 생성되었다.

> NONENDS. RISS CHRG APPLY. RFND PNTY APPLY. NO MILE UG
> • 타 항공사 탑승은 불가하며 재발행(여정 변경) 하는 경우 수수료를 적용한다.
> • 환불하는 경우 수수료 적용하며 Mileage Upgrade는 불가하다.

☞ 9번 라인에 FV 항목인 발권항공사가 자동으로 반영되었다.

④ TST 조회

TQN

```
>  TQN

 TST00001    SELK1394Z AA/01FEB I 0 LD 04FEB19 2359  OD SELSEL
 T-
 FXP
    1.KOO/SUN MS
  1   ICN KE  607 E 10MAY 1945  OK ELEVZRKC            10NOV 1PC
  2 O HKG KE  608 E 20JUN 0045  OK ELEVZRKC            10NOV 1PC
      ICN
 FARE  F KRW      440000
 TX001 X KRW        9600-YRVA TX002 X KRW      28000-BPDP TX003 X KRW     17100-HKAE
 TX004 X KRW       12900-G3RE TX005 X KRW       7200-I5SE
 TOTAL    KRW      514800
 GRAND TOTAL KRW      514800
 SEL KE HKG197.08KE SEL197.08NUC394.16END ROE1116.283752

  8.FE 3.NONENDS. RISS CHRG APPLY. RFND PNTY APPLY. NO MILE UG.
  9.FV KE
```

⑤ TST 조회 시 항목 설명

TST00001	생성된 TST번호
SELK1394Z	TST 생성 여행사의 Office ID
AA/01FEB	TST 생성한 직원의 코드 / TST 생성일
0	자동으로 TST 생성 시 운임 산출 방식(FCMI) 표시 ☞ 1 : 수동으로 TST 생성 시 운임 산출 방식(FCMI) 표시
LD 04FEB19 2359	Last Date(발권은 2월 4일 23시 59분까지 해야 함 : 발권시한)
OD SELSEL	Origin Destination(출발지, 최종도착지는 SEL에서 SEL)

⑥ 운임 산출된 Data Source 표시(Pricing Indicator)

구 분	설 명
I	IATA에서 제공되는 자동 운임
F	항공사에서 제공되는 Nego Fare
M, N	자동운임을 수정하거나 수동운임을 입력한 경우
B	Nego Fare를 업데이트 한 경우

```
>  TQN

TST00001      SELK1394Z AA/01FEB I 0 LD 04FEB19 2359  OD SELSEL
T-
FXP
   1.KOO/SUN MS
 1   ICN KE  607 E 10MAY 1945  OK ELEVZRKC              10NOV 1PC
 2 O HKG KE  608 E 20JUN 0045  OK ELEVZRKC              10NOV 1PC
     ICN
FARE  F KRW      440000
TX001 X KRW        9600-YRVA TX002 X KRW     28000-BPDP TX003 X KRW    17100-HKAE
TX004 X KRW       12900-G3RE TX005 X KRW      7200-I5SE
TOTAL   KRW      514800
GRAND TOTAL KRW      514800
SEL KE HKG197.08KE SEL197.08NUC394.16END ROE1116.283752

  8.FE 3.NONENDS. RISS CHRG APPLY. RFND PNTY APPLY. NO MILE UG.
  9.FV KE
```

☞ IATA에서 제공되는 자동 운임인 것을 확인할 수 있다.

⑦ TST 삭제

TTE → ER → ER

```
>  TTE

TST DELETED
 *TRN*

>  ER

WARNING: KE REQUIRES TICKET ON OR BEFORE 15FEB:1900/S2-3
*TRN*

>  ER

--- TST RLR ---
RP/SELK1394Z/SELK1394Z            AA/SU    1FEB19/1116Z    K74EWI
6868-2244
  1.KOO/SUN MS
  2  KE 607 E 10MAY 5 ICNHKG HK1  1945 2230  10MAY  E  KE/K74EWI
  3  KE 608 E 20JUN 4 HKGICN HK1  0045 0525  20JUN  E  KE/K74EWI
  4 AP SEL 1566-0014 - TOPAS TRAINING UNIVERSITY - A
  5 TK OK31JAN/SELK1394Z
```

☞ TST가 삭제되었다 라는 응답을 볼 수 있다.

```
>  TQN

NO ACTIVE TST - DELETED TST RECORDS MAY EXIST - PLEASE USE TTH
```

☞ TST를 조회하니 생성된 TST가 없다 라는 응답을 확인할 수 있다.

⑧ TST 관련 Entry

TTE/T1	1번 TST 삭제	TTE/T1,3	1번과 3번 TST 삭제
TTE/P1	1번 승객의 TST 삭제	TTS/T1/P2	1번 TST에서 2번 승객 분리
TTE/ALL	모든 TST 삭제	TTA/T2/P3	2번 TST에 3번 승객 추가

3) 할인금액 입력(TTN/D)

① 항공사에서 해당운임의 할인을 받으면 할인금액을 입력해야 한다.

② Discount 입력

TTN/D50000 (50000 : 할인금액)

```
>  TTN/D50000

TST00002      SELK1394Z AA/01FEB B 1 LD 04FEB19 OD SELSEL SI
T-
FXP
   1.KOO/SUN MS
 1   ICN KE  607 E 10MAY 1945  OK ELEVZRKC              10NOV 1PC
 2 O HKG KE  608 E 20JUN 0045  OK ELEVZRKC              10NOV 1PC
     ICN
      P KRW    440000
      N KRW    390000                    D/C     KRW      50000
FARE  F KRW    390000
TX001 X KRW      9600-YRVA TX002 X KRW     28000-BPDP TX003 X KRW    17100-HKAE
TX004 X KRW     12900-G3RE TX005 X KRW      7200-I5SE
TOTAL    KRW    464800
GRAND TOTAL KRW     464800
SEL KE HKG196.16KE SEL196.16NUC392.32END ROE1121.498215
SIA/N//////N/////

  8.FE 3.NONENDS. RISS CHRG APPLY. RFND PNTY APPLY. NO MILE UG.
  9.FV KE
```

☞ Discount가 50000원 적용되었다. 수정 Entry는 별도로 없으며 할인금액을 잘못 입력했다면 정확한 금액으로 다시 입력해야 한다. (TTN/D70000)

③ Discount 입력 추가 Entry

TTN/D50000/T1	할인 50000원을 1번 TST에 반영
TTN/D50000/P1	할인 50000원을 1번 승객에 반영 ☞ TST번호와 승객번호 동시 지정 불가

4) FM Element(Commission)

① 발권 수수료는 반드시 입력해야 하는 필수 요소이다.

② 항공사에서 제공하는 수수료가 없어도 반드시 입력해야 한다.(NO COMM)

③ NO COMM(Zero COMM)일 경우 할인여부와 관계없이 항상 FM0G로 입력해야 한다.

④ 할인이 적용될 경우는 반드시 Net COMM으로 입력해야 한다.

Gross COMM		Net COMM	
할인여부에 관계없이 Fare에서 COMM 지급		할인을 적용 받은 운임에서 COMM 지급	
FM0G	NO COMM	FM0G	NO COMM
FM3G	3% Gross COMM	FM3N	3% Net COMM
FM5G	5% Gross COMM	FM5N	5% Net COMM

⑤ COMM 입력

FM0G

```
>  FM0G

--- TST RLR ---
RP/SELK1394Z/SELK1394Z              AA/SU    1FEB19/1116Z   K74EWI
6868-2244
  1.KOO/SUN MS
  2  KE 607 E 10MAY 5 ICNHKG HK1  1945 2230  10MAY  E  KE/K74EWI
  3  KE 608 E 20JUN 4 HKGICN HK1  0045 0525  20JUN  E  KE/K74EWI
  4 AP SEL 1566-0014 - TOPAS TRAINING UNIVERSITY - A
  5 TK OK31JAN/SELK1394Z
  6 OPW SELK1394Z-14FEB:1900/1C7/KE REQUIRES TICKET ON OR BEFORE
       15FEB:1900/S2-3
  7 OPC SELK1394Z-15FEB:1900/1C8/KE CANCELLATION DUE TO NO
       TICKET/S2-3
  8 FE PAX 3.NONENDS. RISS CHRG APPLY. RFND PNTY APPLY. NO MILE
       UG./S2-3
  9 FM *M*0
 10 FV PAX KE/S2-3
```

☞ 9번라인에 COMM이 반영되었다.

5) FV Element(Validating Carrier)

① 발권 항공사를 입력하는 항목으로 FXP를 실행하여 TST가 생성되면 자동 반영된다.

② FV 입력 Entry

FVCX	발권 항공사를 CX로 지정
FVCX/S3	Segment(여정) 3번만 CX로 지정
FVCX/S3/P2	여정 3번, 승객2번을 CX로 지정

```
>  TQN

TST00002     SELK1394Z AA/01FEB I 0 LD 04FEB19 2359   OD SELSEL
T-
FXP
   1.KOO/SUN MS
 1   ICN KE  607 E 10MAY 1945  OK ELEVZRKC              10NOV 1PC
 2 O HKG KE  608 E 20JUN 0045  OK ELEVZRKC              10NOV 1PC
     ICN
FARE  F KRW    440000
TX001 X KRW      9600-YRVA TX002 X KRW     28000-BPDP TX003 X KRW      17100-HKAE
TX004 X KRW     12900-G3RE TX005 X KRW      7200-I5SE
TOTAL    KRW    514800
GRAND TOTAL KRW     514800
SEL KE HKG196.16KE SEL196.16NUC392.32END ROE1121.498215

  8.FE 3.NONENDS. RISS CHRG APPLY. RFND PNTY APPLY. NO MILE UG.
  9.FM *M*0
 10.FV KE
```

☞ TST를 생성하여 조회하니 10번 라인에 자동으로 반영되어 있다.

☞ 실수로 삭제한 경우는 반드시 입력해야 한다.

6) FE Element(Endorsement/Restriction)

① 항공사 적용 운임의 제한사항을 입력하는 항목으로 TST생성 시 자동 반영된다.

② 외항사 발권 시 소아나 유아의 생년월일(DOB : Date Of Birth)과 보호자의 항공권 번호를 입력하는 항목이다.

③ FE 항목 입력 Entry

FE NON-ENDS	Non Endorsement 타 항공사 탑승 불가
FE DATE CHANGE NOT PERMITTED	날짜 변경 허용하지 않음
8//DOB 15JUN15/1602300670900	8번 라인의 FE항목에 내용 추가

```
>  TQN

TST00002     SELK1394Z AA/01FEB I 0 LD 04FEB19 2359  OD SELSEL
T-
FXP
   1.KOO/SUN MS
 1   ICN KE  607 E 10MAY 1945  OK ELEVZRKC           10NOV 1PC
 2 O HKG KE  608 E 20JUN 0045  OK ELEVZRKC           10NOV 1PC
   ICN           .
FARE  F KRW      440000
TX001 X KRW       9600-YRVA TX002 X KRW     28000-BPDP TX003 X KRW    17100-HKAE
TX004 X KRW      12900-G3RE TX005 X KRW      7200-I5SE
TOTAL   KRW      514800
GRAND TOTAL KRW       514800
SEL KE HKG196.16KE SEL196.16NUC392.32END ROE1121.498215

  8.FE 3.NONENDS. RISS CHRG APPLY. RFND PNTY APPLY. NO MILE UG.
  9.FM *M*0
 10.FV KE
```

☞ 8번 라인에 FE 항목이 자동으로 반영되어 있다.

7) FT Element

① 항공사에서 부여 받은 AUTH(가격승인)번호나 Tour Code를 입력하는 항목이다.

② FT항목은 1개만 입력 가능하며 AUTH번호가 2개인 경우 FE항목에 추가로 입력한다.

③ /(슬래시), -(하이픈), •(도트) 이외의 특수 문자는 사용 불가하다.

④ FT 항목 입력

> FT*9SDQIININC

```
>  FT*9SDQIININC

--- TST RLR ---
RP/SELK1394Z/SELK1394Z              AA/SU    1FEB19/1306Z    K74EWI
6868-2244
  1.KOO/SUN MS
  2   KE 607 E 10MAY 5 ICNHKG HK1  1945 2230  10MAY  E  KE/K74EWI
  3   KE 608 E 20JUN 4 HKGICN HK1  0045 0525  20JUN  E  KE/K74EWI
  4 AP SEL 1566-0014 - TOPAS TRAINING UNIVERSITY - A
  5 TK OK31JAN/SELK1394Z
  6 OPW SELK1394Z-01FEB:1900/1C7/KE REQUIRES TICKET ON OR BEFORE
       04FEB:1900/S2-3
  7 OPC SELK1394Z-04FEB:1900/1C8/KE CANCELLATION DUE TO NO
       TICKET/S2-3
  8 FE PAX 3.NONENDS. RISS CHRG APPLY. RFND PNTY APPLY. NO MILE
       UG./S2-3
  9 FM *M*0
 10 FT *9SDQIININC
 11 FV PAX KE/S2-3
```

☞ 10번 라인에 AUTH 번호가 입력되었다.

⑤ FT 항목 입력 Entry

FT*9SDQIININS/P1/S3	승객번호와 SEG(여정)번호 지정
10/*9SDQIININT	10번 라인의 AUTH번호 수정

8) FP Element(Form of Payment)

① 지불수단을 입력하는 항목으로 발권 시 반드시 필요한 필수 요소이다.

② 지불수단 입력

FPCASH

```
> FPCASH

--- TST RLR ---
RP/SELK1394Z/SELK1394Z              AA/SU    1FEB19/1306Z    K74EWI
6868-2244
  1.KOO/SUN MS
  2  KE 607 E 10MAY 5 ICNHKG HK1  1945 2230  10MAY  E  KE/K74EWI
  3  KE 608 E 20JUN 4 HKGICN HK1  0045 0525  20JUN  E  KE/K74EWI
  4 AP SEL 1566-0014 - TOPAS TRAINING UNIVERSITY - A
  5 TK OK31JAN/SELK1394Z
  6 OPW SELK1394Z-01FEB:1900/1C7/KE REQUIRES TICKET ON OR BEFORE
        04FEB:1900/S2-3
  7 OPC SELK1394Z-04FEB:1900/1C8/KE CANCELLATION DUE TO NO
        TICKET/S2-3
  8 FE PAX 3.NONENDS. RISS CHRG APPLY. RFND PNTY APPLY. NO MILE
        UG./S2-3
  9 FM *M*0
 10 FP CASH
 11 FT *9SDQIININC
 12 FV PAX KE/S2-3
```

☞ 10번 라인에 지불수단 현금이 입력되었다.

☞ 참고로 알파벳 순서대로 반영된다. (FE → FM → FP → FT → FV항목 순으로 반영)

③ FP 항목 추가 입력 Entry

FPCASH/P2/S4	현금(승객,여정 지정)
FPCCVI4444333322221111/0325*E00/P1	전액 카드 지불
FPCASH+CCVI4444333322221111/0723*E03/KRW500000/P2	혼합지불, 카드 500000원
FPINFCASH	유아만 현금지불
FPPAXCASH	유아 제외 승객 현금지불
XE10	10번 라인 삭제

☞ 모든 Fare Element에 PAX(좌석 점유 승객 : 성인, 소아), INF(유아) 지정 가능

☞ 모든 Fare Element 삭제 시 해당 라인번호 이용(XE10)

④ 카드 발권인 경우는 신용카드사에서 부여하는 승인번호가 자동으로 생성된다.

```
--- TST RLR ---
RP/SELK1394Z/SELK1394Z              AA/SU    2FEB19/0346Z   K74EWI
6868-2244
  1.KOO/SUN MS
  2  KE 607 E 10MAY 5 ICNHKG HK1  1945 2230  10MAY  E  KE/K74EWI
  3  KE 608 E 20JUN 4 HKGICN HK1  0045 0525  20JUN  E  KE/K74EWI
  4 AP SEL 1566-0014 - TOPAS TRAINING UNIVERSITY - A
  5 TK OK02FEB/SELK1394Z//ETKE
  6 FA PAX 180-5591020948/ETKE/KRW514600/02FEB19/SELK1394Z/00039
       911/S2-3
  7 FB PAX 0000000000 TTP/RT OK ETICKET/S2-3
  8 FE PAX 3.NONENDS. RISS CHRG APPLY. RFND PNTY APPLY. NO MILE
       UG./S2-3
  9 FM *M*0
 10 FP PAX CASH+CCVIXXXXXXXXXXXX1111/0325*E03/A14407154/KRW50000
       0/S2-3
 11 FV PAX KE/S2-3
```

☞ 발권하면 FP Element에 승인번호가 보여진다.

FP Element MASK 활용

① PNR 조회

② TST 생성

③ FOP 입력 → MASK 창 생성

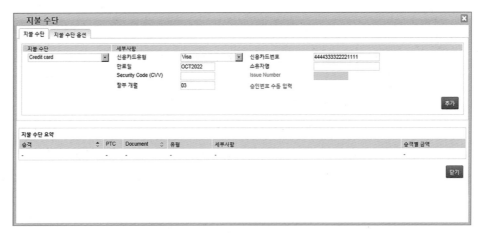

☞ 지불수단 조건을 입력하고 추가 버튼을 클릭하면 해당 PNR에 반영된다.

 발권

- 발권 구성요소를 입력한 후에 발권지시를 하면 발권이 이루어진다.

1) 발권지시

TTP/RT	발권 지시 후 RT로 PNR조회
TTP/RT/P1	1번 승객 발권 지시
TTP/RT/T1	1번 TST 발권 지시
TTP/RT/INF	유아 승객 발권 지시

TTP/RT ⟶ TTP : Ticket To Print

RT : Retrieve

```
>TTP/RT

 OK ETICKET
```

☞ 발권되었다 라는 응답이 보여진다.

```
>RT
--- TST RLR ---
RP/SELK1394Z/SELK1394Z           AA/SU    2FEB19/0346Z   K74EWI
6868-2244
  1.KOO/SUN MS
  2  KE 607 E 10MAY 5 ICNHKG HK1  1945 2230  10MAY  E  KE/K74EWI
  3  KE 608 E 20JUN 4 HKGICN HK1  0045 0525  20JUN  E  KE/K74EWI
  4 AP SEL 1566-0014 - TOPAS TRAINING UNIVERSITY - A
  5 TK OK02FEB/SELK1394Z//ETKE
  6 FA PAX 180-5591020948/ETKE/KRW514600/02FEB19/SELK1394Z/00039
       911/S2-3
  7 FB PAX 0000000000 TTP/RT OK ETICKET/S2-3
  8 FE PAX 3.NONENDS. RISS CHRG APPLY. RFND PNTY APPLY. NO MILE
       UG./S2-3
  9 FM *M*0
 10 FP PAX CASH+CCVIXXXXXXXXXXXX1111/0325*E03/A14407154/KRW50000
       0/S2-3
 11 FV PAX KE/S2-3
```

☞ 발권을 하면 항공권번호 13자리가 생성된다.

(1) 발권 후 PNR 판독

```
  >RT
  --- TST RLR ---
① RP/SELK1394Z/SELK1394Z           AA/SU    2FEB19/0346Z   K74EWI
  6868-2244
②   1.KOO/SUN MS
    2  KE 607 E 10MAY 5 ICNHKG HK1  1945 2230  10MAY  E  KE/K74EWI
③   3  KE 608 E 20JUN 4 HKGICN HK1  0045 0525  20JUN  E  KE/K74EWI
④   4 AP SEL 1566-0014 - TOPAS TRAINING UNIVERSITY - A
⑤   5 TK OK02FEB/SELK1394Z//ETKE
⑥   6 FA PAX 180-5591020948/ETKE/KRW514600/02FEB19/SELK1394Z/00039
       911/S2-3
⑦   7 FB PAX 0000000000 TTP/RT OK ETICKET/S2-3
⑧   8 FE PAX 3.NONENDS. RISS CHRG APPLY. RFND PNTY APPLY. NO MILE
       UG./S2-3
⑨   9 FM *M*0
⑩  10 FP PAX CASH+CCVIXXXXXXXXXXXX1111/0325*E03/A14407154/KRW50000
       0/S2-3
⑪  11 FV PAX KE/S2-3
```

(2) 항목 설명

구 분	설 명
①	SELK1394Z(Responsible Office ID) AA/SU(Agent Sign/Duty Code) 02FEB19/0346Z(최종 업데이트한 날짜와 시간) K74EWI 68682244(예약번호)
②	이름
③	여정
④	전화번호
⑤	Ticket Arrangement(예약 시 자동 생성)
⑥	Ticket Number(승객 별로 생성)
⑦	A.I.R(Amadeus Interface Record) 번호(TST 별로 생성)
⑧	Endorsement(제한 사항)
⑨	발권 수수료(Commission)
⑩	지불수단(Form of Payment)
⑪	발권 항공사(Validating Carrier)

2) E Ticket 이미지 조회

(1) 발권 후 항공사 Data Base에 저장된 항공권의 세부내역을 조회해야 한다.

PNR 조회 → TWD

```
 >TWD

① TKT-1805591020948          RCI-                    1A LOC-K74EWI
② OD-SELSEL  SI-       FCPI-O   POI-SEL  DOI-02FEB19  IOI-00039911
    1.KOO/SUN MS                  ADT      ③ ST  N
   1 O ICNHKG      KE    607 E 10MAY 1945 OK O    ④ ELEVZRKC    ⑥
                                                 ⑤ 10NOV 1PC

   2 O HKGICN      KE    608 E 20JUN 0045 OK O      ELEVZRKC
                                                   10NOV 1PC

⑦ FARE   F KRW         440000
⑧ TOTALTAX KRW          74600
⑨ TOTAL     KRW         514600
⑩ /FC SEL KE HKG196.16KE SEL196.16NUC392.32END ROE1121.498215
⑪ FE 3.NONENDS. RISS CHRG APPLY. RFND PNTY APPLY. NO MILE UG.
⑫ FP CASH+CCVIXXXXXXXXXXXX1111/0325/KRW500000
   NON-ENDORSABLE
   FOR TAX/FEE DETAILS USE TWD/TAX
```

(2) 항목 설명

구 분	설 명	구 분	설 명
①	Ticket Number(항공권 번호)	⑦	Fare(운임)
②	POI(Place Of Issue : 발권지) DOI(Date Of Issue : 발권일) IOI(IATA number Of Issue)	⑧	Tax(세금)
③	ST(Status : 항공권 쿠폰의 상태)	⑨	Total(운임+세금)
④	Fare Basis(적용 운임의 종류)	⑩	FC(Fare Calculation : 운임 세부 내역)
⑤	항공권의 유효 기간	⑪	FE(Fare Endorsement : 제한사항)
⑥	Baggage Allowance(무료수하물)	⑫	FP(Fare Payment : 지불수단)

(3) 항공권 이미지 조회 Entry

TWD	PNR에 항공권 번호가 1개인 경우
TWD/L6	FA Line 번호로 조회
TWD/TKT180-5591020948 –	항공권 번호로 조회
TWD/VKE/TVL10MAYICNHKG-LEE/SUNSIN	발권항공사, 출발일, 구간, 이름으로 조회
TWD/TAX	세부 Tax 조회

```
>TWD/TKT180-5591020948

TKT-1805591020948        RCI-                        1A LOC-K74EWI
 OD-SELSEL  SI-       FCPI-0    POI-SEL   DOI-02FEB19  IOI-00039911
   1.KOO/SUN MS                 ADT      ST  N
 1 O ICNHKG     KE    607 E 10MAY 1945 OK O      ELEVZRKC
                                                  10NOV 1PC
 2 O HKGICN     KE    608 E 20JUN 0045 OK O      ELEVZRKC
                                                  10NOV 1PC

 FARE   F KRW       440000
 TOTALTAX KRW        74600
 TOTAL    KRW       514600
/FC SEL KE HKG196.16KE SEL196.16NUC392.32END ROE1121.498215
FE 3.NONENDS. RISS CHRG APPLY. RFND PNTY APPLY. NO MILE UG.
FP CASH+CCVIXXXXXXXXXXXX1111/0325/KRW500000
```

(4) CPST(Coupon Status)

① 항공권의 사용 가능 여부를 파악하는 지표(항공권의 현재 상태)

② 쿠폰상태를 통해 항공권의 흐름을 확인할 수 있다.

1차 단계		2차 단계		3차 단계	
		A	Airport Control	F	Flown
		C	Checked In	V	Void
O	Open for Use	L	Lifted/Boarded	R	Refunded
		I	Irregular Operations	E	Exchanged
		U	Unavailable		

③ 쿠폰 상태 Void 예시

- Void는 발권 당일 항공권을 취소한 상태를 의미한다.

```
>TWD

TKT-1805591020948          RCI-                    1A LOC-K74EWI
  OD-SELSEL  SI-      FCPI-0   POI-SEL  DOI-02FEB19  IOI-00039911
    1.KOO/SUN MS                 ADT       ST  N
  1 O ICNHKG      KE    607 E 10MAY 1945 OK  V      ELEVZRKC
                                                    10NOV 1PC

  2 O HKGICN      KE    608 E 20JUN 0045 OK  V      ELEVZRKC
                                                    10NOV 1PC

  FARE    F KRW        440000
  TOTALTAX KRW          74600
  TOTAL    KRW         514600
  /FC SEL KE HKG196.16KE SEL196.16NUC392.32END ROE1121.498215
  FE 3.NONENDS. RISS CHRG APPLY. RFND PNTY APPLY. NO MILE UG.
  FP CASH+CCVIXXXXXXXXXXXX1111/0325/KRW500000
  NON-ENDORSABLE
  FOR TAX/FEE DETAILS USE TWD/TAX
  SAC- 1800D4HBKX66S
```

④ 쿠폰 상태 Refunded(환불) 예시

```
>TWD

TKT-1805591020950        RCI-                    1A LOC-KBMGY4
  OD-SELSEL  SI-      FCPI-0   POI-SEL  DOI-02FEB19  IOI-00039911
    1.KOO/SUN MS                   ADT      ST  N
  1 O ICNHKG      KE    607 E 10MAY 1945 OK R     ELEVZRKC
                                                     10NOV 1PC
  2 O HKGICN     KE    608 E 20JUN 0045 OK R     ELEVZRKC
                                                     10NOV 1PC

FARE    F KRW        440000
TOTALTAX KRW          74600
TOTAL     KRW        514600
/FC SEL KE HKG196.16KE SEL196.16NUC392.32END ROE1121.498215
FE 3.NONENDS. RISS CHRG APPLY. RFND PNTY APPLY. NO MILE UG.
FP CASH
```

3) 발권 절차

① PNR 조회 후 TST 생성	RT5487-2809 → FXP
② 발권 구성요소 입력	FM0G FPCCVI4444333322221111/1123*E03
③ 발권 지시	TTP/RT
④ 항공권 이미지 조회	TWD

☞ 필요 시 선택 구성요소를 입력한다. (FT, FE, FV, TTN/D)

4) 성인 발권실습 사례

① PNR 조회 후 TST 생성

RT5487-2809 → FXP

```
FXP

01  HONG/GILDO*

LAST TKT DTE 20MAY19 - DATE OF ORIGIN
--------------------------------------------------------------
       AL FLGT  BK   DATE   TIME  FARE BASIS        NVB   NVA  BG
  SEL
  OSA KE   723 H     20MAY  0935  HLEOZRKJ                20NOV 1P
  SEL KE   724 H     25JUL  1225  HLEOZRKJ                20NOV 1P

  KRW    370000      20MAY19SEL KE OSA164.95KE SEL164.95NUC
                     329.90END ROE1121.498215
  KRW      9600-YR   XT KRW 10300-TK KRW 28000-SW KRW 3200-OI
  KRW     28000-BP
  KRW     41500-XT
  KRW    449100
```

② NO COMM 입력

FM0G

```
>FM0G

--- TST RLR ---
RP/SELK1394Z/SELK1394Z              AA/SU   2FEB19/0649Z   KBNX6M
5487-2809
  1.HONG/GILDONG MR
  2  KE 723 H 20MAY 1 ICNKIX HK1  0935 1120  20MAY  E  KE/KBNX6M
  3  KE 724 H 25JUL 4 KIXICN HK1  1225 1415  25JUL  E  KE/KBNX6M
  4 AP SEL 1566-0014 - TOPAS TRAINING UNIVERSITY - A
  5 TK OK02FEB/SELK1394Z
  6 OPW SELK1394Z-15FEB:1900/1C7/KE REQUIRES TICKET ON OR BEFORE
        16FEB:1900/S2-3
  7 OPC SELK1394Z-16FEB:1900/1C8/KE CANCELLATION DUE TO NO
        TICKET/S2-3
  8 FE PAX 3.NONENDS. RISS CHRG APPLY-KRW50000. RFND PNTY APPLY.
        NO MILE UG./S2-3
  9 FM *M*0
 10 FV PAX KE/S2-3
```

③ 지불수단 입력(전액카드, VI4444333322221111, 유효 기간 2023/11, 3개월 할부)

FPCCVI4444333322221111/1123*E03

```
>FPCCVI4444333322221111/1123*E03

--- TST RLR ---
RP/SELK1394Z/SELK1394Z              AA/SU    2FEB19/0649Z   KBNX6M
5487-2809
  1.HONG/GILDONG MR
  2   KE 723 H 20MAY 1 ICNKIX HK1  0935 1120  20MAY  E  KE/KBNX6M
  3   KE 724 H 25JUL 4 KIXICN HK1  1225 1415  25JUL  E  KE/KBNX6M
  4 AP SEL 1566-0014 - TOPAS TRAINING UNIVERSITY - A
  5 TK OK02FEB/SELK1394Z
  6 OPW SELK1394Z-15FEB:1900/1C7/KE REQUIRES TICKET ON OR BEFORE
        16FEB:1900/S2-3
  7 OPC SELK1394Z-16FEB:1900/1C8/KE CANCELLATION DUE TO NO
        TICKET/S2-3
  8 FE PAX 3.NONENDS. RISS CHRG APPLY-KRW50000. RFND PNTY APPLY.
        NO MILE UG./S2-3
  9 FM *M*0
 10 FP CCVI4444333322221111/1123*E03
 11 FV PAX KE/S2-3
```

④ 발권 지시

TTP/RT → TTP/RT

```
>TTP/RT

WARNING: KE REQUIRES TICKET ON OR BEFORE 16FEB:1900/S2-3
*TRN*
>TTP/RT


OK ETICKET
```

⑤ 발권한 PNR 조회

RT

```
>RT
--- TST RLR ---
RP/SELK1394Z/SELK1394Z          AA/SU    2FEB19/0701Z    KBNX6M
5487-2809
    1.HONG/GILDONG MR
  2  KE 723 H 20MAY 1 ICNKIX HK1  0935 1120   20MAY   E  KE/KBNX6M
  3  KE 724 H 25JUL 4 KIXICN HK1  1225 1415   25JUL   E  KE/KBNX6M
  4 AP SEL 1566-0014 - TOPAS TRAINING UNIVERSITY - A
  5 TK OK02FEB/SELK1394Z//ETKE
  6 FA PAX 180-5591020951/ETKE/KRW449100/02FEB19/SELK1394Z/00039
     911/S2-3
  7 FB PAX 0000000000 TTP/RT OK ETICKET/S2-3
  8 FE PAX 3.NONENDS. RISS CHRG APPLY-KRW50000. RFND PNTY APPLY.
     NO MILE UG./S2-3
  9 FM *M*0
 10 FP PAX CCVIXXXXXXXXXXXX1111/1123*E03/A55945508/S2-3
 11 FV PAX KE/S2-3
```

⑥ 항공권 이미지 조회

TWD/L6 (L6 : FA Line번호)

```
>TWD/L6

TKT-1805591020951          RCI-                     1A LOC-KBNX6M
 OD-SELSEL  SI-      FCPI-0   POI-SEL  DOI-02FEB19  IOI-00039911
   1.HONG/GILDONG MR                ADT       ST  N
 1 O ICNKIX      KE   723 H 20MAY 0935 OK O      HLEOZRKJ
                                                     20NOV 1PC
 2 O KIXICN      KE   724 H 25JUL 1225 OK O      HLEOZRKJ
                                                     20NOV 1PC
FARE    F KRW        370000
TOTALTAX KRW          79100
TOTAL    KRW         449100
/FC SEL KE OSA164.95KE SEL164.95NUC329.90END ROE1121.498215
FE 3.NONENDS. RISS CHRG APPLY-KRW50000. RFND PNTY APPLY. NO MILE
 UG.
FP CCVIXXXXXXXXXXXX1111/1123
NON-ENDORSABLE
FOR TAX/FEE DETAILS USE TWD/TAX
```

TWD/TAX : 세부 Tax 조회

```
>TWD/TAX

TOTAL TAX     KRW       79100
TX01 KRW        9600YR  TX02 KRW       28000BP  TX03 KRW        10300TK
TX04 KRW       28000SW  TX05 KRW       32000I
```

☞ 상세하게 Tax조회도 가능하다.

5) 성인과 유아 발권실습 사례(CX)

• 발권 조건
  – NO COMM
  – 지불수단(성인 : 30만원만 카드, 2025/03, 일시불, 유아 : 현금)
• 보호자 항공권 번호 유아에게 연결해야 하므로 성인 먼저 발권

  발권 절차

① PNR 조회	RT2300-8977

```
>RT2300-8977

--- RLR ---
RP/SELK1394Z/SELK1394Z            AA/SU    2FEB19/0719Z    KBQMHL
2300-8977
  1.DO/MINJUN MR(INFCHUN/SONGYI MISS/20JAN18)
  2  CX 411 Q 15JUN 6 ICNHKG HK1  1505 1755  15JUN E  CX/KBQMHL
  3  CX 412 Q 25JUN 2 HKGICN HK1  0100 0545  25JUN E  CX/KBQMHL
  4 AP SEL 1566-0014 - TOPAS TRAINING UNIVERSITY - A
  5 APM 010-2300-8977
  6 TK OK02FEB/SELK1394Z
  7 SSR INFT CX HK1 CHUN/SONGYIMISS 20JAN18/S2
  8 SSR INFT CX HK1 CHUN/SONGYIMISS 20JAN18/S3
```

② TST 생성	FXP → ER

FXP

PASSENGER	PTC	NP	FARE\<KRW>	TAX/FEE	PER PSGR
01 DO/MINJU*	ADT	1	240000	93600	333600
02 CHUN/SONGY*	IN	1	24000	48500	72500
	TOTALS	2	264000	142100	406100

☞ 승객유형이 성인과 유아이므로 조회된 2개의 운임을 모두 저장한다.

③ TST 조회	TQN/T1

```
>TQN/T1


TST00001      SELK1394Z AA/02FEB I 0 LD 31MAR19 2359  OD SELSEL
T-
FXP
   1.DO/MINJUN MR
 1   ICN CX  411 Q 15JUN 1505  OK QLARRKR8        15JUN15JUN 30K
 2 O HKG CX  412 Q 25JUN 0100  OK QLARRKR8        25JUN25JUN 30K
     ICN
FARE  F KRW       240000
TX001 X KRW      28600-YRVA TX002 X KRW     28000-BPDP TX003 X KRW      17100-HKAE
TX004 X KRW      12800-G3RE TX005 X KRW       7100-I5SE
TOTAL   KRW       333600
GRAND TOTAL KRW      333600
SEL CX HKG106.99CX SEL106.99NUC213.98END ROE1121.498215

 9.FE VLD ON CX/KA ONLY PENALTY MAY APPLY
11.FV CX
```

☞ 1번 TST번호를 이용하여 성인의 TST를 조회하니 FE와 FV항목이 자동 반영되었다.

④ COMM 입력	FM0G
⑤ 지불수단 입력	FPPAXCASH+CCVI4444333322221111/0325*E00/KRW300000

```
>FPPAXCASH+CCVI4444333322221111/0325*E00/KRW300000

--- TST RLR ---
RP/SELK1394Z/SELK1394Z              AA/SU    2FEB19/0722Z    KBQMHL
2300-8977
  1.DO/MINJUN MR(INFCHUN/SONGYI MISS/20JAN18)
  2   CX 411 Q 15JUN 6 ICNHKG HK1  1505 1755  15JUN  E  CX/KBQMHL
  3   CX 412 Q 25JUN 2 HKGICN HK1  0100 0545  25JUN  E  CX/KBQMHL
  4 AP SEL 1566-0014 - TOPAS TRAINING UNIVERSITY - A
  5 APM 010-2300-8977
  6 TK OK02FEB/SELK1394Z
  7 SSR INFT CX HK1 CHUN/SONGYIMISS 20JAN18/S2
  8 SSR INFT CX HK1 CHUN/SONGYIMISS 20JAN18/S3
  9 FE PAX VLD ON CX/KA ONLY PENALTY MAY APPLY/S2-3
 10 FE INF VLD ON CX/KA ONLY PENALTY MAY APPLY/S2-3
 11 FM *M*0
 12 FP PAX CASH+CCVI4444333322221111/0325*E00/KRW300000
 13 FV PAX CX/S2-3
 14 FV INF CX/S2-3
```

☞ 성인과 유아의 지불수단이 다르므로 FP 항목에 PAX를 지정하여 입력한다.

⑥ 성인 발권	TTP/RT/T1 또는 TTP/RT/PAX
⑦ PNR 조회	RT

```
>RT

--- TST RLR ---
RP/SELK1394Z/SELK1394Z              AA/SU    2FEB19/0815Z    KBQMHL
2300-8977
  1.DO/MINJUN MR(INFCHUN/SONGYI MISS/20JAN18)
  2   CX 411 Q 15JUN 6 ICNHKG HK1  1505 1755  15JUN  E  CX/KBQMHL
  3   CX 412 Q 25JUN 2 HKGICN HK1  0100 0545  25JUN  E  CX/KBQMHL
  4 AP SEL 1566-0014 - TOPAS TRAINING UNIVERSITY - A
  5 APM 010-2300-8977
  6 TK OK02FEB/SELK1394Z
  7 TK PAX OK02FEB/SELK1394Z//ETCX/S2-3
  8 SSR INFT CX HK1 CHUN/SONGYIMISS 20JAN18/S2
  9 SSR INFT CX HK1 CHUN/SONGYIMISS 20JAN18/S3
 10 FA PAX 160-5591020952/ETCX/KRW333600/02FEB19/SELK1394Z/00039
       911/S2-3
 11 FB PAX 0000000000 TTP/RT/T1 OK ETICKET/S2-3
 12 FE PAX VLD ON CX/KA ONLY PENALTY MAY APPLY/S2-3
 13 FE INF VLD ON CX/KA ONLY PENALTY MAY APPLY/S2-3
 14 FM *M*0
 15 FP PAX CASH+CCVIXXXXXXXXXXXX1111/0325*E00/A87877609/KRW30000
       0/S2-3
 16 FV PAX CX/S2-3
```

☞ 10 라인의 보호자 항공권 번호를 추후 유아 항공권에 연결시켜야 한다.

⑧ 유아TST 조회	TQN/T2

```
>TQN/T2

TST00002      SELK1394Z AA/02FEB I 0 LD 31MAR19 2359  OD SELSEL
T-
FXP
   1.CHUN/SONGYI MISS(INF)
 1    ICN CX  411 Q 15JUN 1505  NS QLARRKR8 IN90   15JUN15JUN 10K
 2 O HKG CX  412 Q 25JUN 0100  NS QLARRKR8 IN90   25JUN25JUN 10K
      ICN
FARE  F KRW      24000
TX001 X KRW    28600-YRVA TX002 X KRW    12800-G3RE TX003 X KRW      7100-I5SE
TOTAL   KRW      72500
GRAND TOTAL KRW      72500
SEL CX HKG10.69CX SEL10.69NUC21.38END ROE1121.498215

13.FE VLD ON CX/KA ONLY PENALTY MAY APPLY
14.FM *M*0
17.FV CX
```

⑨ 지불수단 입력	FPINFCASH ☞ 승객유형 코드 INF를 지정하여 입력한다.

```
>FPINFCASH

--- TST RLR ---
RP/SELK1394Z/SELK1394Z             AA/SU    2FEB19/0815Z   KBQMHL
2300-8977
  1.DO/MINJUN MR(INFCHUN/SONGYI MISS/20JAN18)
  2  CX 411 Q 15JUN 6 ICNHKG HK1  1505 1755  15JUN  E  CX/KBQMHL
  3  CX 412 Q 25JUN 2 HKGICN HK1  0100 0545  25JUN  E  CX/KBQMHL
  4 AP SEL 1566-0014 - TOPAS TRAINING UNIVERSITY - A
  5 APM 010-2300-8977
  6 TK OK02FEB/SELK1394Z
  7 TK PAX OK02FEB/SELK1394Z//ETCX/S2-3
  8 SSR INFT CX HK1 CHUN/SONGYIMISS 20JAN18/S2
  9 SSR INFT CX HK1 CHUN/SONGYIMISS 20JAN18/S3
 10 FA PAX 160-5591020952/ETCX/KRW333600/02FEB19/SELK1394Z/00039
       911/S2-3
 11 FB PAX 0000000000 TTP/RT/T1 OK ETICKET/S2-3
 12 FE PAX VLD ON CX/KA ONLY PENALTY MAY APPLY/S2-3
 13 FE INF VLD ON CX/KA ONLY PENALTY MAY APPLY/S2-3
 14 FM *M*0
 15 FP PAX CASH+CCVIXXXXXXXXXXXX1111/0325*E00/A87877609/KRW30000
       0/S2-3
 16 FP INF CASH
```

☞ 16번 라인에 유아의 지불수단이 반영되었다.

⑩ 보호자 항공권 번호와 DOB입력 (외항사 발권인 경우 입력)	13//DOB 20JAN18//CONJ 160-5591020952 13 : 유아의 FE 라인번호에 추가내용 입력

```
>13//DOB 20JAN18/CONJ 160-5591020952

--- TST RLR ---
RP/SELK1394Z/SELK1394Z              AA/SU    2FEB19/0829Z   KBQMHL
2300-8977
   1.DO/MINJUN MR(INFCHUN/SONGYI MISS/20JAN18)
   2  CX 411 Q 15JUN 6 ICNHKG HK1  1505 1755  15JUN  E  CX/KBQMHL
   3  CX 412 Q 25JUN 2 HKGICN HK1  0100 0545  25JUN  E  CX/KBQMHL
   4 AP SEL 1566-0014 - TOPAS TRAINING UNIVERSITY - A
   5 APM 010-2300-8977
   6 TK OK02FEB/SELK1394Z
   7 TK PAX OK02FEB/SELK1394Z//ETCX/S2-3
   8 SSR INFT CX HK1 CHUN/SONGYIMISS 20JAN18/S2
   9 SSR INFT CX HK1 CHUN/SONGYIMISS 20JAN18/S3
  10 FA PAX 160-5591020952/ETCX/KRW333600/02FEB19/SELK1394Z/00039
        911/S2-3
  11 FB PAX 0000000000 TTP/RT/T1 OK ETICKET/S2-3
  12 FE PAX VLD ON CX/KA ONLY PENALTY MAY APPLY/S2-3
  13 FE INF *M*VLD ON CX/KA ONLY PENALTY MAY APPLY DOB
        20JAN18/CONJ 160-5591020952/S2-3
  14 FM *M*0
  15 FP PAX CASH+CCVIXXXXXXXXXXXXX1111/0325*E00/A87877609/KRW30000
        0/S2-3
```

☞ 유아의 FE항목인 13번 라인에 DOB와 보호자 항공권 번호가 반영되었다.

⑪ 유아 발권	TTP/RT/T2 또는 TTP/RT/INF

```
>TTP/RT/T2


OK ETICKET
```

```
> RT

--- TST RLR ---
RP/SELK1394Z/SELK1394Z              AA/SU   2FEB19/0839Z   KBQMHL
2300-8977
  1.DO/MINJUN MR(INFCHUN/SONGYI MISS/20JAN18)
  2  CX 411 Q 15JUN 6 ICNHKG HK1  1505 1755  15JUN  E  CX/KBQMHL
  3  CX 412 Q 25JUN 2 HKGICN HK1  0100 0545  25JUN  E  CX/KBQMHL
  4 AP SEL 1566-0014 - TOPAS TRAINING UNIVERSITY - A
  5 APM 010-2300-8977
  6 TK PAX OK02FEB/SELK1394Z//ETCX/S2-3
  7 TK OK02FEB/SELK1394Z//ETCX
  8 SSR INFT CX HK1 CHUN/SONGYIMISS 20JAN18/S2
  9 SSR INFT CX HK1 CHUN/SONGYIMISS 20JAN18/S3
 10 FA PAX 160-5591020952/ETCX/KRW333600/02FEB19/SELK1394Z/00039
       911/S2-3
 11 FA INF 160-5591020953/ETCX/KRW72500/02FEB19/SELK1394Z/000399
       11/S2-3
 12 FB PAX 0000000000 TTP/RT/T1 OK ETICKET/S2-3
 13 FB INF 0000000000 TTP/RT/T2 OK ETICKET/S2-3
 14 FE PAX VLD ON CX/KA ONLY PENALTY MAY APPLY/S2-3
 15 FE INF *M*VLD ON CX/KA ONLY PENALTY MAY APPLY DOB
       20JAN18/CONJ 160-5591020952/S2-3
```

☞ 10번 라인은 성인 항공권 번호, 11번 라인은 유아의 항공권 번호이다.

☞ PNR에 항공권 번호가 2개이므로 이미지 조회 시는 FA라인 번호를 이용한다.

⑬ 항공권 이미지 조회	TWD/L10 TWD/L11

```
>TWD/L10


TKT-1605591020952        RCI-                        1A LOC-KBQMHL
 OD-SELSEL  SI-      FCPI-0   POI-SEL  DOI-02FEB19  IOI-00039911
   1.DO/MINJUN MR              ADT       ST N
 1 O ICNHKG      CX    411 Q 15JUN 1505 OK O     QLARRKR8
                                                 15JUN 15JUN 30K

 2 O HKGICN      CX    412 Q 25JUN 0100 OK O     QLARRKR8
                                                 25JUN 25JUN 30K

 FARE   F KRW        240000
 TOTALTAX KRW         93600
 TOTAL    KRW        333600
/FC SEL CX HKG106.99CX SEL106.99NUC213.98END ROE1121.498215
FE VLD ON CX/KA ONLY PENALTY MAY APPLY
FP CASH+CCVIXXXXXXXXXXX1111/0325/KRW300000
NON-ENDORSABLE
FOR TAX/FEE DETAILS USE TWD/TAX



>TWD/L11


TKT-1605591020953        RCI-                        1A LOC-KBQMHL
 OD-SELSEL  SI-      FCPI-0   POI-SEL  DOI-02FEB19  IOI-00039911
   1.CHUN/SONGYI MISS          INF       ST N
 1 O ICNHKG      CX    411 Q 15JUN 1505 NS O     QLARRKR8/IN90
                                                 15JUN 15JUN 10K
 2 O HKGICN      CX    412 Q 25JUN 0100 NS O     QLARRKR8/IN90
                                                 25JUN 25JUN 10K
 FARE   F KRW         24000
 TOTALTAX KRW         48500
 TOTAL    KRW         72500
/FC SEL CX HKG10.69CX SEL10.69NUC21.38END ROE1121.498215
FE VLD ON CX/KA ONLY PENALTY MAY APPLY DOB 20JAN18/CONJ 160-5591
020952
FP CASH
NON-ENDORSABLE
FOR TAX/FEE DETAILS USE TWD/TAX
```

6) 발권 MASK 이용 절차

① TST 생성(RT1566-0023 → FXP → ER)

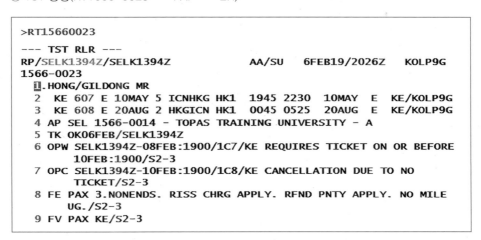

```
>RT15660023

--- TST RLR ---
RP/SELK1394Z/SELK1394Z              AA/SU    6FEB19/2026Z    KOLP9G
1566-0023
  1.HONG/GILDONG MR
  2  KE 607 E 10MAY 5 ICNHKG HK1  1945 2230  10MAY  E  KE/KOLP9G
  3  KE 608 E 20AUG 2 HKGICN HK1  0045 0525  20AUG  E  KE/KOLP9G
  4 AP SEL 1566-0014 - TOPAS TRAINING UNIVERSITY - A
  5 TK OK06FEB/SELK1394Z
  6 OPW SELK1394Z-08FEB:1900/1C7/KE REQUIRES TICKET ON OR BEFORE
        10FEB:1900/S2-3
  7 OPC SELK1394Z-10FEB:1900/1C8/KE CANCELLATION DUE TO NO
        TICKET/S2-3
  8 FE PAX 3.NONENDS. RISS CHRG APPLY. RFND PNTY APPLY. NO MILE
        UG./S2-3
  9 FV PAX KE/S2-3
```

② 좌측 상단 MASK 클릭 → 발권 클릭 → 국제선 E-Ticket 발행 클릭

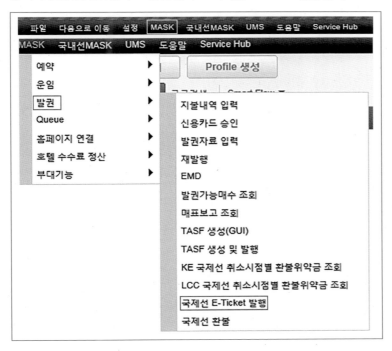

③ 발권 기본정보 항목에 필요한 부분 V 체크

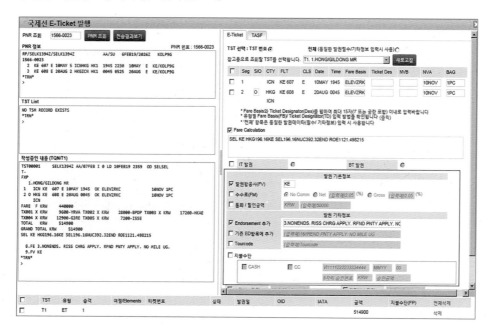

④ 수수료, 지불수단 V 체크 후 전송 클릭

☞ 발권항공사와 Endorsement 항목은 자동으로 V체크 설정되어 있다.

⑤ 전송 결과 보기의 확인 클릭

```
전송결과보기                                                    ✕
> FPCASH
--- TST RLR ---
RP/SELK1394Z/SELK1394Z              AA/SU   6FEB19/2026Z   KOLP9G
1566-0023
  1.HONG/GILDONG MR
  2   KE 607 E 10MAY 5 ICNHKG HK1  1945 2230  10MAY  E  KE/KOLP9G
  3   KE 608 E 20AUG 2 HKGICN HK1  0045 0525  20AUG  E  KE/KOLP9G
  4 AP SEL 1566-0014 - TOPAS TRAINING UNIVERSITY - A
  5 TK OK06FEB/SELK1394Z
  6 OPW SELK1394Z-08FEB:1900/1C7/KE REQUIRES TICKET ON OR BEFORE
        10FEB:1900/S2-3
  7 OPC SELK1394Z-10FEB:1900/1C8/KE CANCELLATION DUE TO NO
        TICKET/S2-3
  8 FE PAX 3.NONENDS. RISS CHRG APPLY. RFND PNTY APPLY. NO MILE
        UG./S2-3
  9 FP CASH
 10 FV PAX KE/S2-3
*TRN*
>
> FM0G
--- TST RLR ---
RP/SELK1394Z/SELK1394Z              AA/SU   6FEB19/2026Z   KOLP9G
1566-0023
  1.HONG/GILDONG MR
  2   KE 607 E 10MAY 5 ICNHKG HK1  1945 2230  10MAY  E  KE/KOLP9G
  3   KE 608 E 20AUG 2 HKGICN HK1  0045 0525  20AUG  E  KE/KOLP9G
  4 AP SEL 1566-0014 - TOPAS TRAINING UNIVERSITY - A
  5 TK OK06FEB/SELK1394Z
  6 OPW SELK1394Z-08FEB:1900/1C7/KE REQUIRES TICKET ON OR BEFORE
        10FEB:1900/S2-3
  7 OPC SELK1394Z-10FEB:1900/1C8/KE CANCELLATION DUE TO NO
        TICKET/S2-3
  8 FE PAX 3.NONENDS. RISS CHRG APPLY. RFND PNTY APPLY. NO MILE
        UG./S2-3
  9 FM *M*0
 10 FP CASH
 11 FV PAX KE/S2-3
*TRN*
>
                                                         확인
```

⑥ TST V 체크 후 E-Ticket 발행 클릭

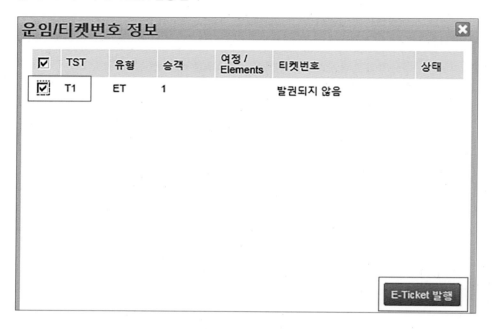

⑦ 발권되었다는 응답이 보여지면 확인 클릭

⑧ 발권 완료된 PNR 조회

```
>RT15660023

--- TST RLR ---
RP/SELK1394Z/SELK1394Z              AA/SU    6FEB19/2037Z    KOLP9G
1566-0023
  1.HONG/GILDONG MR
  2   KE 607 E 10MAY 5 ICNHKG HK1   1945 2230  10MAY  E  KE/KOLP9G
  3   KE 608 E 20AUG 2 HKGICN HK1   0045 0525  20AUG  E  KE/KOLP9G
  4 AP SEL 1566-0014 - TOPAS TRAINING UNIVERSITY - A
  5 TK OK06FEB/SELK1394Z//ETKE
  6 FA PAX 180-5591020962/ETKE/KRW514900/07FEB19/SELK1394Z/00039
        911/S2-3
```

⑨ 항공권 이미지 조회

```
>TWD

 TKT-1805591020962        RCI-                       1A LOC-KOLP9G
  OD-SELSEL  SI-      FCPI-0   POI-SEL  DOI-07FEB19  IOI-00039911
    1.HONG/GILDONG MR               ADT       ST  N
  1 O ICNHKG     KE   607 E 10MAY 1945 OK O      ELEVZRKC
                                                    10NOV 1PC
  2 O HKGICN     KE   608 E 20AUG 0045 OK O      ELEVZRKC
                                                    10NOV 1PC
 FARE    F KRW        440000
 TOTALTAX KRW          74900
 TOTAL    KRW         514900
 /FC SEL KE HKG196.16KE SEL196.16NUC392.32END ROE1121.498215
 FE 3.NONENDS. RISS CHRG APPLY. RFND PNTY APPLY. NO MILE UG.
 FP CASH
```

발권 연습문제

발권 실습 1	Entry
1. PNR 작성 　1) 본인　　2) 친구 　→ 예약완료 3일내 발권 　7/12　SEL/SPK　KE795 (　　) Class 　8/26　SPK/SEL　KE796 (　　) Class 　3) 전화번호 　　① 520-3588　TOTO TOUR 　　② 본인 핸드폰번호 　☞ PNR	
2. 발권조건 1) NO D/C 2) NO COMM 3) 지불수단 　① 본인 현금 　② 친구 전액카드, VI4444333322221111 　　2022/05, 일시불	

발권 실습 2	Entry

1. PNR 작성

 1) 본인

 → 예약완료 5일 후 발권
 8/15 SEL/MNL KE623 (   ) Class
 9/30 MNL/SEL KE624 (   ) Class

 2) 전화번호
   ① 720-2356 GOGO TOUR
   ② 본인 핸드폰번호

 ☞ PNR

2. 발권조건

1) D/C 30000원
2) NO COMM
3) AUTH 번호 : 9SDQIININS
4) 지불수단
   50만원만 카드, VI4444333322221111
   2021/12, 3개월할부

발권 실습 3	Entry

1. PNR 작성
 	
  1) 본인 2) LEE/SOA(남아, 2016, 4, 17)
 	
  → 예약완료 10일 후 발권
  7/19 SEL/IST KE955 (   ) Class
  10/29 ROM/SEL KE932 (   ) Class
 	
  3) 전화번호
     ① 430-6650 LALA TOUR
     ② 본인 핸드폰번호
 	
    ☞ PNR	

2. 발권조건
 	
  1) NO D/C
  2) NO COMM
  3) 지불수단 : 전 승객 현금발권	

발권 실습 4	Entry

1. PNR 작성
 	
1) 본인
 	
7/19 SEL/HKG CX417 (   ) Class
10/27 HKG/SEL CX418 (   ) Class
 	
2) 전화번호
  ① 670-2270 HOHO TOUR
  ② 본인 핸드폰번호
 	
☞ PNR	

2. 발권조건
 	
1) D/C 20000원
2) 3 COMM
3) AUTH 번호 : KRSELCX350
4) 지불수단
  전액카드, VI4444333322221111
  2022/06, 일시불	

발권 실습 5	Entry

1. PNR 작성

1) 본인 2) NA/YUA(여아, 2019,5,13)

8/17 SEL/LON BA018 (   ) Class
9/27 LON/SEL BA017 (   ) Class

2) 전화번호
   ① 355-2611 HAHA TOUR
   ② 본인 핸드폰번호

   ☞ PNR

2. 발권조건

1) NO D/C
2) NO COMM
3) 지불수단
   ① 본인 60만원카드
     VI4444333322221111
     2023/08, 6개월 할부
   ② 유아 현금

TOPAS Sellconnect
Fare & Ticketing
Practice

Revalidation

1 Revalidation 개요

- E-Ticket을 발권한 후에 운임 변동이 없는 단순한 날짜 변경이나 편수 변경이 발생된 경우에 처리하는 기능이다. (Class, 구간 변경은 운임변동 발생하므로 불가하다.)
- E-Ticket의 Data Base와 변경된 PNR의 정보를 일치시키는 기능이다.

 고객의 예약 변경 : SINICN 구간의 날짜를 8/27 → 8/30일로 변경 요청

① 항공권 이미지의 SIN ICN 구간은 8월 27일로 발권되었다.

```
>TWD

TKT-1805591020955        RCI-                    1A LOC-KCMVFB
  OD-SELSEL  SI-      FCPI-0   POI-SEL  DOI-03FEB19  IOI-00039911
    1.HONG/GILDONG MR            ADT        ST  N
  1 O ICNSIN     KE   643 E 20JUL 1445 OK O      EKEVZRKS
                                                    20JAN 1PC
  2 O SINICN     KE   644 E 27AUG 2235 OK O      EKEVZRKS
                                                    20JAN 1PC

  FARE    F KRW      710000
  TOTALTAX KRW        86200
  TOTAL    KRW       796200
```

② 예약 변경된 PNR의 SIN ICN 구간 날짜는 8월 30일이다.

```
--- TST RLR ---
RP/SELK1394Z/SELK1394Z            AA/SU    2FEB19/1532Z   KCMVFB
2120-9782
  1.HONG/GILDONG MR
  2  KE 643 E 20JUL 6 ICNSIN HK1  1445 1955   20JUL  E  KE/KCMVFB
  3  KE 644 E 30AUG 5 SINICN HK1  2235 0555   31AUG  E  KE/KCMVFB
  4 AP SEL 1566-0014 - TOPAS TRAINING UNIVERSITY - A
  5 TK OK02FEB/SELK1394Z//ETKE
  6 OPW SELK1394Z-15FEB:1900/1C7/KE REQUIRES TICKET ON OR BEFORE
     17FEB:1900/S3
  7 OPC SELK1394Z-17FEB:1900/1C8/KE CANCELLATION DUE TO NO
     TICKET/S3
  8 FA PAX 180-5591020955/ETKE/KRW796200/03FEB19/SELK1394Z/00039
     911/S2
```

☞ E-Ticket Data Base의 8월 27일을 변경된 PNR의 정보인 8월 30일로 일치시켜야 한다.

2 ▸ Revalidation 허용 범위

1) 항공사 허용여부조회

① KE의 한국시장(KR Market)에서 E-Ticket 조건 조회

HEETTKE → MS22 (22 : KR국가코드 번호)

```
>HEETTKE


                        KE E-TICKET           EN    3MAY17 0944Z

    MARKET                                          REFERENCE
    ------                                          ---------
    AD AE AR AU AZ BE BG BH BO BR CA CH CL CO       MS22
    CR CR CY CZ DK EC EE EG ES FI FM FR GB GE
    GF GP GU HK HR HU ID IE IL IN IS IT JO JP
    KE KG KH KR KW KZ LK LS LT LU LV MH MN MO
    MP MQ MT MX MY NG NL NO NP NZ OM PA PE PH
    PL PT PW QA RE RO RU SC SE SG SI SK SZ TH
    TR TW UA ZA ZA GR
```

```
>MS22


                        KE E-TICKET           EN    3MAY17 0944Z


    KE ELIGIBILITY RULES FOR E-TICKETING IN THE FOLLOWING MARKETS:
    JP ES FR IN NO SG SE TH GB IT NL SK IE NZ CH TW TR AU BE DK MY
    PH CA CZ HK LU MH MP PW GU HU FM ID MO AD GF GP MQ RE IS SC SI
    MX BR RU HR CY PT EG FI VN MN QA OM BH AE UA PE MT CL BO KE KZ
    KG CO NG ZA LK EE LT LV RO BG AR NP EC PA CR CR KR IL PL JO KW

     (Y - SUPPORTED, N - NOT SUPPORTED)

    HISTORY              :N     REVALIDATION             :Y
    PRINT                :N     REFUND                   :Y
    VOID                 :Y     VOID EXCHANGE/REISSUE     :Y
    CANCEL REFUND        :Y
```

☞ KE는 Revalidation 항목에 Y(Supported)로 표기되어 있어 허용한다.

② AC는 한국시장에서 Revalidation을 허용하는지 확인해 보시오.

```
>HEETTAC


                        AC  E-TICKETING          EN   21MAR18 2126Z


   MARKET                                        REFERENCE
   ------                                        ---------

   AN AR AW BM BS CA CL CO CR DM DO GD GY HT JM KN MS UY    MS 26
   VC VE LB ZA ET OM BH QA AE SA HR KE TZ UG BQ SX CW KR
   KY RU PA KW RO BG KZ MN KG MA MD PK LK BD IS SR VN SN
   RS MU ME CI
```

```
>MS26


                        AC  E-TICKETING          EN   21MAR18 2126Z
   DZ                                                   MS 26


   AC ELIGIBILITY RULES FOR E-TICKETING IN THE FOLLOWING MARKETS:


   AN AR AW BM BS CA CL CO CR DM DO GD GY HT JM KN MS UY
   VC VE LB ZA ET OM BH QA AE SA HR KE TZ UG BQ SX CW KR
   KY RU


   (Y - SUPPORTED, N - NOT SUPPORTED)



   HISTORY                 :Y    REVALIDATION             :N
   PRINT       (US ONLY)   :N    REFUND                   :Y
   VOID                    :Y    VOID EXCHANGE/REISSUE     :N
   CANCEL REFUND           :N
```

☞ AC는 Revalidation 항목에 N으로 표기되어 있어 불가하다.

2) 적용된 운임의 Rule 확인하여 Revalidation 허용여부 조회

① 구간 운임조회

FQDSELSIN/AKE/D20JUL/CE/IL,R

```
FQDSELSIN/AKE/D20JUL/CE/IL,R

FQDSELSIN/AKE/D20JUL/CE/IL,R
ROE 1121.498215 UP TO 100.00 KRW
20JUL19**20JUL19/KE SELSIN/NSP;EH/TPM  2883/MPM  3459
LN FARE BASIS     OW   KRW  RT  B PEN  DATES/DAYS   AP MIN MAX R
01 EKEVZRKS              710000 E  +  S01JUL 23JUL   + -  6M R
```

② 적용운임의 Rule 조회

FQN1//PE

```
>FQN1//PE

FQN1//PE
**  RULES DISPLAY  **
20JUL19**20JUL19/KE SELSIN/NSP;EH/TPM  2883/MPM  3459
LN FARE BASIS     OW   KRW  RT  B PEN  DATES/DAYS   AP MIN MAX R
01 EKEVZRKS              710000 E  +  S01JUL 23JUL   + -  6M R
FCL: EKEVZRKS  TRF:   8 RULE: KS03 BK:  E
PTC: ADT-ADULT              FTC: XEX-REGULAR EXCURSION
PE.PENALTIES
BETWEEN KOREA, REPUBLIC OF AND SOUTHEAST ASIA


  CHANGES

    ANY TIME
      CHANGES PERMITTED FOR REVALIDATION.
```

☞ Penalty Rule의 Changes 항목에 Revalidation이 허용됨을 확인할 수 있다.

3) 승객의 이름이 동일해야 한다. 이름 변경은 재 발행 처리해야 한다.

4) 운임, Tax, 항공사, 여정은 동일해야 한다.

☞ 운임 변동이 없는 단순한 날짜, 편수 변경인 경우에 Revalidation 가능하다.

5) E-Ticket의 쿠폰상태는 O(Open for Use) 또는 A(Airport Control) 여야 한다

6) 첫 구간을 제외한 나머지 구간에 대해 유효 기간 범위 내에서 가능 하다.

☞ 첫 구간은 유효 기간에 영향을 미치므로 재 발행 처리한다.

7/20 SEL SIN KE643 → 첫 구간 예약 변경 시는 Revalidation 불가

8/27 SIN SEL KE644 → 나머지 구간 유효 기간 이내 예약 변경 시 Revalidation 가능

3   Revalidation 절차

(1) PNR 조회 후 예약 변경	RT21209782 → SB30AUG3 → ER 3번 여정의 날짜를 8월 30일로 변경
(2) E-Ticket 이미지 조회	TWD
(3) 항공사 허용 여부 조회	HEETTKE → MS22 REVALIDATION 항목에 Y 표기 확인
(4) 적용운임의 Penalty Rule 조회	FQDSELSIN/AKE/D20JUL/CE/IL,R → FQN1//PE
(5) Revalidation 실행	TTP/ETRV/S3/L8/E2 TTP/ETRV : Revalidation 기본 Entry S3 : PNR의 변경된 Segment(여정) 번호 L8 : PNR의 항공권 번호가 있는 FA라인 번호 E2 : E-Ticket 이미지의 Coupon번호

☞ PNR의 승객이 여러 명인 경우 Revalidation은 1명씩 처리해야 한다.

4 Revalidation 실습 예시

• 발권 후 승객요청으로 BKK ICN 구간의 날짜를 12월 20일 → 12월 23일로 예약 변경

1) PNR 조회 후 예약 변경

RT1566-0022 → SB23DEC3 → ER → ER

```
>  RT1566-0022

--- TST RLR ---
RP/SELK1394Z/SELK1394Z              AA/SU    3FEB19/0654Z    KEHBKZ
1566-0022
  1.HONG/GILDONG MR
  2   KE 659 H 25JUL 4 ICNBKK HK1  1945 2350  25JUL  E  KE/KEHBKZ
  3   KE 658 H 20DEC 5 BKKICN HK1  0010 0745  20DEC  E  KE/KEHBKZ
  4 AP SEL 1566-0014 - TOPAS TRAINING UNIVERSITY - A
  5 TK OK03FEB/SELK1394Z//ETKE
  6 FA PAX 180-5591020957/ETKE/KRW943600/03FEB19/SELK1394Z/00039
       911/S2-3
```

```
>  SB23DEC3

--- TST RLR ---
RP/SELK1394Z/SELK1394Z              AA/SU    3FEB19/0654Z    KEHBKZ
1566-0022
  1.HONG/GILDONG MR
  2   KE 659 H 25JUL 4 ICNBKK HK1  1945 2350  25JUL  E  KE/KEHBKZ
  3   KE 658 H 23DEC 1 BKKICN DK1  0010 0745  23DEC  E  0 333 B
      SEE RTSVC
  4 AP SEL 1566-0014 - TOPAS TRAINING UNIVERSITY - A
  5 TK OK03FEB/SELK1394Z//ETKE
  6 FA PAX 180-5591020957/ETKE/KRW943600/03FEB19/SELK1394Z/00039
       911/S2
```

```
>  ER

WARNING: KE REQUIRES TICKET ON OR BEFORE 17FEB:1900/S3
*TRN*

>  ER
```

```
--- TST RLR ---
RP/SELK1394Z/SELK1394Z              AA/SU   3FEB19/0657Z   KEHBKZ
1566-0022
  1.HONG/GILDONG MR
  2  KE 659 H 25JUL 4 ICNBKK HK1  1945 2350  25JUL  E  KE/KEHBKZ
  3  KE 658 H 23DEC 1 BKKICN HK1  0010 0745  23DEC  E  KE/KEHBKZ
  4 AP SEL 1566-0014 - TOPAS TRAINING UNIVERSITY - A
  5 TK OK03FEB/SELK1394Z//ETKE
  6 OPW SELK1394Z-15FEB:1900/1C7/KE REQUIRES TICKET ON OR BEFORE
         17FEB:1900/S3
  7 OPC SELK1394Z-17FEB:1900/1C8/KE CANCELLATION DUE TO NO
         TICKET/S3
  8 FA PAX 180-5591020957/ETKE/KRW943600/03FEB19/SELK1394Z/00039
         911/S2
```

☞ 12월 23일로 변경된 여정의 번호는 SEG 3번이며 FA라인 번호는 8번이다.

2) E Ticket 이미지 조회

TWD

```
>  TWD

TKT-1805591020957        RCI-                    1A LOC-KEHBKZ
  OD-SELSEL  SI-      FCPI-0   POI-SEL  DOI-03FEB19  IOI-00039911
    1.HONG/GILDONG MR           ADT      ST  N
  1 O ICNBKK      KE   659 H 25JUL 1945 OK O    HHE0ZRKS
                                                   25JAN 1PC
  2 O BKKICN      KE   658 H 20DEC 0010 OK O    HHE0ZRKS
                                                   25JAN 1PC
  FARE   F KRW       870000
  TOTALTAX KRW        73600
  TOTAL    KRW       943600
  /FC SEL KE BKK387.87KE SEL387.87NUC775.74END ROE1121.498215
  FE 2.NONENDS. RISS CHRG APPLY-KRW70000. RFND PNTY APPLY. NO MILE
```

☞ BKK ICN 구간의 날짜는 12월 20일이며 E-Ticket Coupon번호는 2번이다.

3) KE의 Revalidation 허용여부 조회

HEETTKE → MS22

```
>  HEETTKE

                        KE E-TICKET              EN    3MAY17 0944Z

    MARKET                                       REFERENCE
    ------                                       ---------
    AD AE AR AU AZ BE BG BH BO BR CA CH CL CO    MS22
    CR CR CY CZ DK EC EE EG ES FI FM FR GB GE
    GF GP GU HK HR HU ID IE IL IN IS IT JO JP
    KE KG KH KR KW KZ LK LS LT LU LV MH MN MO
    MP MQ MT MX MY NG NL NO NP NZ OM PA PE PH
    PL PT PW QA RE RO RU SC SE SG SI SK SZ TH
    TR TW UA ZA ZA GR
```

```
>  MS22

                        KE E-TICKET              EN    3MAY17 0944Z


    KE ELIGIBILITY RULES FOR E-TICKETING IN THE FOLLOWING MARKETS:
    JP ES FR IN NO SG SE TH GB IT NL SK IE NZ CH TW TR AU BE DK MY
    PH CA CZ HK LU MH MP PW GU HU FM ID MO AD GF GP MQ RE IS SC SI
    MX BR RU HR CY PT EG FI VN MN QA OM BH AE UA PE MT CL BO KE KZ
    KG CO NG ZA LK EE LT LV RO BG AR NP EC PA CR CR KR IL PL JO KW


    HISTORY                :N    REVALIDATION            :Y
    PRINT                  :N    REFUND                  :Y
    VOID                   :Y    VOID EXCHANGE/REISSUE    :Y
    CANCEL REFUND          :Y
```

☞ Revalidation 항목에 Y로 표기되어 가능하다.

4) 적용운임의 Penalty Rule 조회

FQDSELBKK/AKE/D25JUL/CH/IL,R

```
>  FQDSELBKK/AKE/D25JUL/CH/IL,R

FQDSELBKK/AKE/D25JUL/CH/IL,R
ROE 1121.498215 UP TO 100.00 KRW
25JUL19**25JUL19/KE SELBKK/NSP;EH/TPM  2286/MPM  2743
LN FARE BASIS     OW   KRW RT  B PEN  DATES/DAYS   AP MIN MAX R
01 HHE0ZRKS             870000 H  +  S24JUL  16AUG  - -   6M R
```

```
>  FQN1//PE

FQN1//PE
**  RULES DISPLAY  **
25JUL19**25JUL19/KE SELBKK/NSP;EH/TPM  2286/MPM  2743
LN FARE BASIS     OW   KRW RT  B PEN  DATES/DAYS   AP MIN MAX R
01 HHE0ZRKS             870000 H  +  S24JUL  16AUG  - -   6M R
FCL: HHE0ZRKS  TRF:   8 RULE: KS03 BK:  H
PTC: ADT-ADULT              FTC: XEX-REGULAR EXCURSION
PE.PENALTIES
BETWEEN KOREA, REPUBLIC OF AND SOUTHEAST ASIA
```

```
CHANGES

   ANY TIME
      CHANGES PERMITTED FOR REVALIDATION.
```

☞ HHE0ZRKS의 운임은 Revalidation을 허용한다.

5) Revalidation 실행

TTP/ETRV/S3/L8/E2

```
>  TTP/ETRV/S3/L8/E2

OK PROCESSED - KEHBKZ
```

☞ 진행되었다라는 응답을 받았다.

6) PNR 조회 후 이미지 조회

RT1566-0022 → TWD

```
>  RT1566-0022

--- TST RLR ---
RP/SELK1394Z/SELK1394Z              AA/SU   3FEB19/0702Z   KEHBKZ
1566-0022
 1.HONG/GILDONG MR
  2  KE 659 H 25JUL 4 ICNBKK HK1  1945 2350  25JUL  E  KE/KEHBKZ
  3  KE 658 H 23DEC 1 BKKICN HK1  0010 0745  23DEC  E  KE/KEHBKZ
  4 AP SEL 1566-0014 - TOPAS TRAINING UNIVERSITY - A
  5 TK OK03FEB/SELK1394Z//ETKE
  6 FA PAX 180-5591020957/ETKE/KRW943600/03FEB19/SELK1394Z/00039
       911/S2-3
```

```
>  TWD

TKT-1805591020957        RCI-                    1A LOC-KEHBKZ
 OD-SELSEL  SI-        FCPI-0   POI-SEL  DOI-03FEB19  IOI-00039911
   1.HONG/GILDONG MR              ADT       ST N
 1 O ICNBKK     KE   659 H 25JUL 1945 OK O     HHE0ZRKS
                                               25JAN 1PC

 2 O BKKICN     KE   658 H 23DEC 0010 OK O     HHE0ZRKS
                                               25JAN 1PC

FARE   F KRW      870000
TOTALTAX KRW       73600
TOTAL    KRW      943600
/FC SEL KE BKK387.87KE SEL387.87NUC775.74END ROE1121.498215
```

☞ PNR의 3번 여정과 항공권 이미지의 2번 Coupon의 날짜가 12월 23일로 일치되었다.

Revalidation 연습문제

실 습	Entry
1. PNR 작성 1) 본인 2) KIM/JINHYUK MR → 예약완료 7일후 발권 7/22 SEL/DPS KE629 ( ) Class 3/23 JKT/SEL KE628 ( ) Class 3) 전화번호 　　① 630-2780 LULU TOUR 　　② 본인 핸드폰번호 　　☞ PNR	
2. 발권조건 1) NO D/C 2) NO COMM 3) 지불수단 　　① 본인 현금발권 　　② 김진혁 전액카드, VI 4444333322221111 　　　 2023/12, 6개월 할부	
3. 발권 후 JKT/SEL 구간 3월 27일로 　　예약 변경 요청	
4. Revalidation 실행	

TOPAS Sellconnect
Fare & Ticketing
Practice

Sales
Report

1 — Sales Report 개요

- 판매 보고서
- 항공권 발권내역을 판매일 기준으로 조회하여 관리할 수 있다.
- 발권 이후의 작업(Void, Refund 등)을 처리할 수 있다.

 Void / Refund

Void	발권 당일 고객에게 취소요청을 받았거나 발권직원의 실수로 항공권을 잘못 발권했을 경우 판매내역을 취소하는 기능 ☞ 고객 취소 요청 시는 여행사의 지정된 Service Charge징수
Refund	발권 익일 이후 고객에게 항공권 취소 요청을 받은 경우 발권내역을 환불 처리 하는 기능 ☞ 적용운임의 환불규정을 확인하여 항공사의 환불 Penalty 징수

1) 판매일 기준의 Sales Report 조회

구 분	설 명
Query Report	해당 판매일에 발권된 모든 항공권의 발권내역 조회
Transaction Report	Query Report에서 조회된 특정 항공권의 상세 발권내역 조회
Daily Report	해당 판매일에 발권된 지불수단 별 판매/환불 금액 조회
Net Remit Report	해당 판매일에 Nego Fare로 발권된 내역 조회

2) Sales Report 기본 조회 시 조건

① 해당 Office ID 기준

② 해당 Agent Sign 기준

③ 오늘 기준

2 Query Report

- 발권일을 기준으로 한 모든 항공권 판매내역이 조회된다.
- 항공권을 Void 또는 Refund 하는 경우 사용기도 한다.

1) 기본 조회

TJQ

```
>TJQ

① AGY NO - 00039911        ② QUERY REPORT 07FEB          ③ CURRENCY KRW
④ OFFICE - SELK1394Z          SELECTION:
⑤ AGENT  - 1350AA                                        ⑥ 07 FEB 2019
------------------------------------------------------------------------
SEQ NO A/L DOC NUMBER TOTAL DOC   TAX    FEE   COMM   AGENT FP   NAME AS TRNC
 ⑦    ⑧  ⑨     ⑩         ⑪                            ⑫   ⑬        ⑭  ⑮
------------------------------------------------------------------------
005440 180 5591020958    514900  74900     0      0  214900 MX KIM/JIH AA TKTT
005441 180 5591020959    514900  74900     0      0  514900 CA KOO/SUN AA TKTT
005442 180 5591020960    514900  74900     0      0       0 CC YEOM/KY AA TKTT
```

2) 항목 설명

① 여행사의 IATA Number	⑨ 항공사 번호 코드
② 2월 7일 Query Report	⑩ 항공권 번호
③ 통화코드	⑪ Fare + Tax
④ 발권 Office ID	⑫ 여행사가 징수한 현금 금액
⑤ 발권직원 코드	⑬ 지불수단(MX : Mixed Payment)
⑥ 조회일	⑭ 발권직원 Sign 코드
⑦ Sequence Number	⑮ Transaction Type Code
⑧ Blank(발권 당일) *(발권 익일 이후)	☞ 현재 판매내역 상태 확인 가능

3) Transaction Type Code

구 분	설 명
TKTT	항공권이 발권된 상태
CANX	항공권이 발권 당일 취소된 상태(Void)
RFND	환불된 상태

4) Option 지정 조회

구 분	설 명
TJQ/D-1FEB	특정 발권일 지정 Query Report 조회
TJQ/QTC-RFND	환불 처리한 Query Type Code로 조회
TJQ/SOF	동일 Office ID의 모든 발권직원 Query Report 조회

① 과거 날짜 조회

TJQ/D-25JAN

```
>  TJQ/D-25JAN

AGY NO - 00039911          QUERY REPORT 25JAN              CURRENCY KRW
OFFICE - SELK13900         SELECTION:
AGENT  - 1098AA                                            07 FEB 2019
-------------------------------------------------------------------------
SEQ NO A/L DOC NUMBER TOTAL DOC   TAX    FEE   COMM   AGENT FP   NAME AS TRNC
-------------------------------------------------------------------------
011678*180 5591016053    335000  55000    0     0          0 CC YOON/SO AA TKTT
011679*180 5591016054    335000  55000    0     0     335000 CA PARK/SE AA TKTT
011741*057 5591016116   1921000 536000    0 79250 1333825 MX YOON/SO AA TKTT
011742*057 5591016117   1921000 536000    0 79250 1833825 CA LEE/MIN AA TKTT
011999*180 5591016374    350000  55000    0     0          0 CC YOON/SO AA TKTT
```

☞ 과거날짜로 조회한 경우 SEQ NO 뒤에 * 표시되어 있어 환불이 가능함

② 과거 날짜와 QTC(TRNC) 코드로 조회

TJQ/D-21JAN/QTC-CANX

```
>  TJQ/D-21JAN

AGY NO - 00039911              QUERY REPORT 21JAN                CURRENCY KRW
OFFICE - SELK13900             SELECTION:
AGENT  - 1098AA                                                  07 FEB 2019
-----------------------------------------------------------------------------
SEQ NO A/L DOC NUMBER TOTAL DOC    TAX    FEE   COMM   AGENT FP    NAME AS TRNC
-----------------------------------------------------------------------------
010159*180 5591014570    521000  71000     0      0  521000 CA KIM/FAT AA CANX
010160*180 5591014571    408500  71000     0      0  408500 CA KIM/FIR AA CANX
010161*180 5591014572     45000      0     0      0   45000 CA KIM/AGI AA CANX
010162*180 5591014573    521000  71000     0      0  521000 CA TOPAS/T AA CANX
010228*180 5591014639    521000  71000     0      0  521000 CA TOPAS/T AA CANX
010230*180 5591014641    521000  71000     0      0  521000 CA TOPAS/T AA CANX
010234*057 5591014645   2626900 246900     0      0 2626900 CA TOPAS/T AA CANX
010235*057 1819000039     36000      0     0      0   36000 CA TOPAS/T AA CANX
```

☞ 1월 21일에 CANX 된 항공권만 조회된 것을 확인할 수 있다.

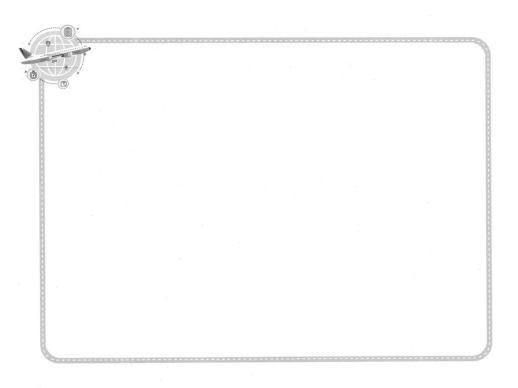

3 Transaction Report

- TJQ 조회한 후에 해당 항공권의 상세내역을 확인할 수 있다.

1) Transaction Report 조회

TJQ → TJT/I-5440 (5440 : SEQ NO)

```
>TJQ

AGY NO - 00039911          QUERY REPORT 07FEB           CURRENCY KRW
OFFICE - SELK1394Z          SELECTION:
AGENT  - 1350AA                                          07 FEB 2019
-------------------------------------------------------------------------
SEQ NO A/L DOC NUMBER TOTAL DOC   TAX    FEE   COMM   AGENT FP   NAME AS TRNC
-------------------------------------------------------------------------
005440 180 5591020958    514900  74900     0     0  214900 MX KIM/JIH AA TKTT
005441 180 5591020959    514900  74900     0     0  514900 CA KOO/SUN AA TKTT
005442 180 5591020960    514900  74900     0     0       0 CC YEOM/KY AA TKTT
```

```
 >TJT/I-5440

                                              300000 CREDIT
① AGENCY   - 00039911            07FEB19       214900 CASH
② OFFID/AS- SELK1394Z AA AA ③ITEM - 005440      74900 TAX
   DOC TYPE- ELEC TKT SALE     CURR - KRW            0 FEES
④ AL/PROV - 180 - KR     ⑤STATUS - PENDING          0 COMM
⑥ DOCUMENT- 5591020958-     ELEC TKT SALE      PNR KO2WMM

   PASSENGER : KIM/JIHYUN MS
       TOUR :                   INVOICE :
     ⑦ FOP1 : CA       214900 CASH
     ⑧ FOP2 : CC       300000 VIXXXXXXXXXXXX1111    0923 S63117389 E00
       FOP3 :
     ⑨ TAX :      9600YR      28000BP       37300XT
    DISCOUNT :                  BALANCE :
      ORIGIN :
    PURCHASER :
 ⑩ FARE CALC : SEL KE HKG196.16KE SEL196.16NUC392.32END ROE1121.4
    AUTOMATED    98215XT17200HK12900G37200I5
```

2) 항목 설명

① 여행사 IATA Number

② Office ID / 직원코드

③ SEQ NO(Sequence Number = Item Number)

④ 발권항공사 3자리 번호코드

⑤ 현재 항공권의 상태(Pending : 오늘 발권)

⑥ 항공권 번호 10자리(Document 번호)

⑦ 지불수단 현금 금액

⑧ 지불수단 신용카드 금액

⑨ Tax

⑩ 적용운임의 세부내역

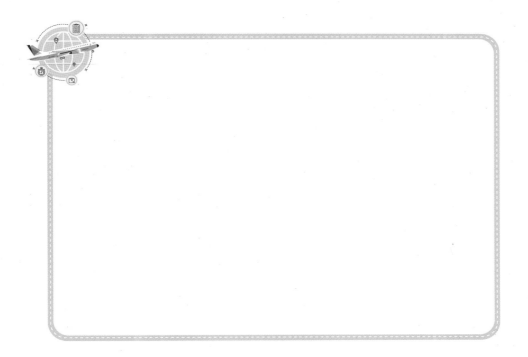

4 Daily Report

- 해당 판매일에 발권된 지불수단 별 판매/환불 금액 조회

1) 기본 조회

TJD

```
>TJD

                                      ①
 AGY NO - 00039911        DAILY REPORT 07FEB        CURRENCY KRW
 OFFICE - SELK1394Z
 AGENT  - 1350AA                                    07 FEB 2019
 ------------------------------------------------------------------
 PAYMENTS X DOCUM            SALES②        REFUNDS③        BALANCE④
 ------------------------------------------------------------------
 FARE   AMOUNT CA    ⑤       580000              0           580000
 TAX    AMOUNT CA            149800              0           149800
 FEE    AMOUNT CA                 0              0                0
 DOC    AMOUNT CA            729800              0           729800
 ------------------------------------------------------------------
 FARE   AMOUNT CC    ⑥       740000              0           740000
 TAX    AMOUNT CC             74900              0            74900
 FEE    AMOUNT CC                 0              0                0
 DOC    AMOUNT CC            814900              0           814900
 ------------------------------------------------------------------
 FARE   AMOUNT TOT   ⑦      1320000              0          1320000
 TAX    AMOUNT TOT           224700              0           224700
 FEE    AMOUNT TOT                0              0                0
 DOC    AMOUNT TOT          1544700              0          1544700
 COMM   AMOUNT TOT                0              0                0
 ------------------------------------------------------------------
 ------------------------------------------------------------------
 FORM OF PAYMENTS    ⑧        SALES        REFUNDS          BALANCE
 CA/CASH                     729800              0           729800
 CC/CCVI                     814900              0           814900
 ------------------------------------------------------------------
 ------------------------------------------------------------------
 DOCUMENT VOLUME     ⑨ ISSUED   CANCELLED      SOLD   AMT DOC SOLD
 ELECTRONIC               3           0          3        1544700
 ------------------------------------------------------------------
```

2) 항목 설명

① 2월 7일 Daily Report 조회

② 판매금액

③ 환불금액

④ 판매금액과 환불금액의 차액

⑤ 현금

⑥ 신용카드

⑦ 현금과 신용카드 총액

⑧ 지불수단 별 판매금액, 환불금액, 차액

⑨ 발권된 항공권 매수, 환불된 항공권 매수, 판매된 항공권 매수, 판매된 총 금액

3) Option 지정 조회

구 분	설 명
TJD/D-1FEB	특정 발권일 지정 Daily Report 조회
TJD/D1FEB5FEB	특정 날짜 범위 지정 Daily Report 조회
TJD/SOF	동일 Office ID의 모든 발권직원 Daily Report 조회

 Void

- 발권 당일 고객에게 판매 취소 요청을 받았거나 발권직원의 실수로 항공권을 잘못 발권했을 경우 판매내역을 취소하는 기능이다.
- 여러 방법으로 발권 당일에만 Void 처리 가능하다.

1) Query Report를 이용한 Void

① Query Report 조회 후 Void 처리 할 SEQ NO로 Void

TJQ → TRDC/5440 ⟶

TRDC	Ticket Record Document
	Cancel(Void 기본 Entry)
5440	SEQ NO

```
>TJQ
AGY NO - 00039911        QUERY REPORT 07FEB         CURRENCY KRW
OFFICE - SELK1394Z       SELECTION:
AGENT  - 1350AA                                     07 FEB 2019
----------------------------------------------------------------
SEQ NO A/L DOC NUMBER TOTAL DOC   TAX    FEE  COMM   AGENT FP    NAME AS TRNC
----------------------------------------------------------------
005440 180 5591020958   514900  74900     0     0  214900 MX KIM/JIH AA TKTT
005441 180 5591020959   514900  74900     0     0  514900 CA KOO/SUN AA TKTT
005442 180 5591020960   514900  74900     0     0       0 CC YEOM/KY AA TKTT
*TRN*
>TRDC/5440

OK - DOCUMENT(S) CANCELLED
```

☞ 취소 처리되었다는 응답을 확인할 수 있다.

② Query Report 기본 조회

TJQ

```
>TJQ

AGY NO - 00039911              QUERY REPORT 07FEB              CURRENCY KRW
OFFICE - SELK1394Z             SELECTION:
AGENT  - 1350AA                                                07 FEB 2019
-------------------------------------------------------------------------------
SEQ NO A/L DOC NUMBER TOTAL DOC    TAX    FEE   COMM   AGENT FP    NAME AS TRNC
-------------------------------------------------------------------------------
005440 180 5591020958    514900  74900      0      0  214900 MX KIM/JIH AA CANX
005441 180 5591020959    514900  74900      0      0  514900 CA KOO/SUN AA TKTT
005442 180 5591020960    514900  74900      0      0       0 CC YEOM/KY AA TKTT
```

☞ SEQ NO 5440의 TRNC코드가 CANX로 변경되었다.

③ Query Report Option 지정 조회

TJQ/QTC-CANX

```
>TJQ/QTC-CANX

AGY NO - 00039911              QUERY REPORT 07FEB              CURRENCY KRW
OFFICE - SELK1394Z             SELECTION:
AGENT  - 1350AA                TC-CANX                         07 FEB 2019
-------------------------------------------------------------------------------
SEQ NO A/L DOC NUMBER TOTAL DOC    TAX    FEE   COMM   AGENT FP    NAME AS TRNC
-------------------------------------------------------------------------------
005440 180 5591020958    514900  74900      0      0  214900 MX KIM/JIH AA CANX
```

☞ Query Type Code(Transaction Code)가 CANX인 것만 조회

④ PNR 조회

RT1566-0019

```
>RT15660019

--- TST RLR ---
RP/SELK1394Z/SELK1394Z              AA/SU    6FEB19/1822Z    KO2WMM
1566-0019
  1.KOO/SUN MS    2.YEOM/KYOUNGA MS    3.KIM/JIHYUN MS
  4  KE 607 E 10MAY 5 ICNHKG HK3  1945 2230  10MAY  E  KE/KO2WMM
  5  KE 608 E 20AUG 2 HKGICN HK3  0045 0525  20AUG  E  KE/KO2WMM
  6 AP SEL 1566-0014 - TOPAS TRAINING UNIVERSITY - A
  7 TK PAX OK06FEB/SELK1394Z//ETKE/S4-5/P1-3
  8 FA PAX 180-5591020959/ETKE/KRW514900/07FEB19/SELK1394Z/00039
      911/S4-5/P1
  9 FA PAX 180-5591020960/ETKE/KRW514900/07FEB19/SELK1394Z/00039
      911/S4-5/P2
 10 FA PAX 180-5591020958/EVKE/KRW514900/07FEB19/SELK1394Z/00039
      911/S4-5/P3
```

☞ 10번 라인에 ETKE(KE 발권)→ EVKE(KE Voided)로 변경되었다.

PNR 조회 시 FA 라인번호의 ET / EV / ER

- ET : E-Ticket이 발권된 상태
- EV : E-Ticket이 Void된 상태
- ER : E-Ticket이 환불된 상태

⑤ 항공권 이미지 조회

```
>TWD/L10

TKT-1805591020958          RCI-                    1A LOC-KO2WMM
 OD-SELSEL  SI-      FCPI-0   POI-SEL  DOI-07FEB19  IOI-00039911
   1.KIM/JIHYUN MS            ADT       ST  N
 1 O  ICNHKG     KE    607 E 10MAY 1945 OK V      ELEVZRKC
                                                  10NOV 1PC

 2 O  HKGICN     KE    608 E 20AUG 0045 OK V      ELEVZRKC
                                                  10NOV 1PC

 FARE    F KRW         440000
 TOTALTAX KRW           74900
 TOTAL     KRW         514900
 /FC SEL KE HKG196.16KE SEL196.16NUC392.32END ROE1121.498215
 FE 3.NONENDS. RISS CHRG APPLY. RFND PNTY APPLY. NO MILE UG.
 FP CASH+CCVIXXXXXXXXXXXX1111/0923/KRW300000
 NON-ENDORSABLE
 FOR TAX/FEE DETAILS USE TWD/TAX
 SAC- 1800EJIW9N7A6
```

☞ CPST(Coupon Status)가 V로 변동되었다. (O → V)

☞ 해당항공사에서 Void처리가 완료되었음을 승인해주는 번호인 SAC가 생성된다.

SAC(Settlement Authorization Code)

2) PNR의 FA라인 번호를 이용한 Void

① PNR 조회

RT1566-0019

```
>RT15660019

--- TST RLR ---
RP/SELK1394Z/SELK1394Z            AA/SU   6FEB19/1822Z   KO2WMM
1566-0019
  1.KOO/SUN MS    2.YEOM/KYOUNGA MS   3.KIM/JIHYUN MS
  4  KE 607 E 10MAY 5 ICNHKG HK3  1945 2230  10MAY  E  KE/KO2WMM
  5  KE 608 E 20AUG 2 HKGICN HK3  0045 0525  20AUG  E  KE/KO2WMM
  6 AP SEL 1566-0014 - TOPAS TRAINING UNIVERSITY - A
  7 TK PAX OK06FEB/SELK1394Z//ETKE/S4-5/P1-3
  8 FA PAX 180-5591020959/ETKE/KRW514900/07FEB19/SELK1394Z/00039
       911/S4-5/P1
  9 FA PAX 180-5591020960/ETKE/KRW514900/07FEB19/SELK1394Z/00039
       911/S4-5/P2
 10 FA PAX 180-5591020958/EVKE/KRW514900/07FEB19/SELK1394Z/00039
       911/S4-5/P3
```

② Void 처리 할 승객의 FA라인 번호 확인

TRDC/L8

```
>TRDC/L8

OK - DOCUMENT(S) CANCELLED
```

3) PNR의 항공권 번호를 이용한 Void

① PNR 조회

RT1566-0019

```
>RT15660019

--- TST RLR ---
RP/SELK1394Z/SELK1394Z              AA/SU    6FEB19/1822Z    KO2WMM
1566-0019
  1.KOO/SUN MS    2.YEOM/KYOUNGA MS    3.KIM/JIHYUN MS
  4  KE 607 E 10MAY 5 ICNHKG HK3  1945 2230  10MAY  E  KE/KO2WMM
  5  KE 608 E 20AUG 2 HKGICN HK3  0045 0525  20AUG  E  KE/KO2WMM
  6 AP SEL 1566-0014 - TOPAS TRAINING UNIVERSITY - A
  7 TK PAX OK06FEB/SELK1394Z//ETKE/S4-5/P1-3
  8 FA PAX 180-5591020959/ETKE/KRW514900/07FEB19/SELK1394Z/00039
       911/S4-5/P1
  9 FA PAX 180-5591020960/ETKE/KRW514900/07FEB19/SELK1394Z/00039
       911/S4-5/P2
 10 FA PAX 180-5591020958/EVKE/KRW514900/07FEB19/SELK1394Z/00039
       911/S4-5/P3
```

② Void 처리 할 승객의 항공권 번호 확인

TRDC/TK-5591020960

```
>TRDC/TK-5591020960

OK - DOCUMENT(S) CANCELLED
```

4) PNR의 항공권 번호를 클릭하여 Void

① PNR 조회하여 항공권 번호 클릭

RT1566-0021

```
>RT1566-0021

--- TST RLR ---
RP/SELK1394Z/SELK1394Z              AA/SU    6FEB19/1921Z    KOHOKH
1566-0021
  1.HONG/GILDONG MR
  2   KE 607 E 10MAY 5 ICNHKG HK1   1945 2230   10MAY  E  KE/KOHOKH
  3   KE 608 E 20AUG 2 HKGICN HK1   0045 0525   20AUG  E  KE/KOHOKH
  4 AP SEL 1566-0014 - TOPAS TRAINING UNIVERSITY - A
  5 AP SEL 1566-0014 - TOPAS TRAINING UNIVERSITY - A
  6 TK OK06FEB/SELK1394Z//ETKE
  7 FA PAX 180-5591020961/ETKE/KRW514900/07FEB19/SELK1394Z/00039
         911/S2-3
```

☞ 항공권 번호를 클릭하면 아래 화면이 보여지고 좌측상단의 Void e-ticket 클릭

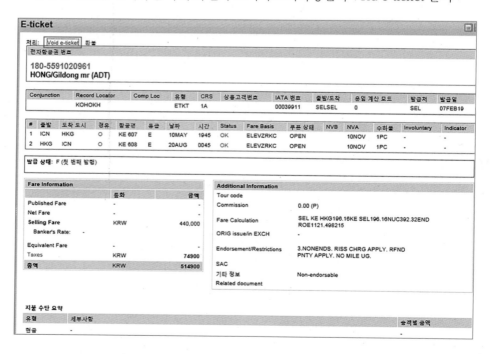

② 우측 하단의 Void 클릭

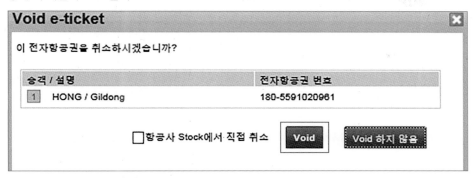

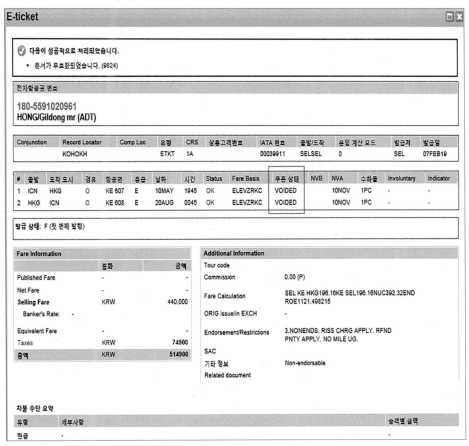

☞ 쿠폰상태를 확인하니 VOIDED로 처리되어 있다.

③ PNR 조회 후 항공권 이미지 조회

RT1566-0021 → TWD

```
>RT1566-0021

--- TST RLR ---
RP/SELK1394Z/SELK1394Z            AA/SU    6FEB19/1928Z    KOHOKH
1566-0021
  1.HONG/GILDONG MR
  2  KE 607 E 10MAY 5 ICNHKG HK1  1945 2230  10MAY  E  KE/KOHOKH
  3  KE 608 E 20AUG 2 HKGICN HK1  0045 0525  20AUG  E  KE/KOHOKH
  4 AP SEL 1566-0014 - TOPAS TRAINING UNIVERSITY - A
  5 AP SEL 1566-0014 - TOPAS TRAINING UNIVERSITY - A
  6 TK OK06FEB/SELK1394Z//ETKE
  7 OPW SELK1394Z-08FEB:1900/1C7/KE REQUIRES TICKET ON OR BEFORE
        10FEB:1900/S2-3
  8 OPC SELK1394Z-10FEB:1900/1C8/KE CANCELLATION DUE TO NO
        TICKET/S2-3
  9 FA PAX 180-5591020961/EVKE/KRW514900/07FEB19/SELK1394Z/00039
        911/S2-3
```

```
>TWD

TKT-1805591020961      RCI-                    1A LOC-KOHOKH
 OD-SELSEL  SI-     FCPI-0   POI-SEL  DOI-07FEB19  IOI-00039911
   1.HONG/GILDONG MR            ADT       ST  N
 1 O ICNHKG     KE   607 E 10MAY 1945 OK  V    ELEVZRKC
                                               10NOV 1PC
 2 O HKGICN     KE   608 E 20AUG 0045 OK  V    ELEVZRKC
                                               10NOV 1PC
FARE   F KRW        440000
TOTALTAX KRW         74900
TOTAL    KRW        514900
/FC SEL KE HKG196.16KE SEL196.16NUC392.32END ROE1121.498215
FE 3.NONENDS. RISS CHRG APPLY. RFND PNTY APPLY. NO MILE UG.
FP CASH
NON-ENDORSABLE
FOR TAX/FEE DETAILS USE TWD/TAX
SAC- 1800EJIW9N7A9
```

5) Void 방법 정리

구 분	Entry
① Query Report에서 Void	TJQ TRDC/5530

② PNR에서 Void	TRDC
	☞ PNR에 항공권번호가 1개인 경우
	    TRDC/L8
	☞ PNR에 항공권번호가 여러 개인 경우
	    FA라인번호 지정하여 처리

③ 항공권번호로 Void	TRDC/TK-5591200300 ☞ 항공사 번호코드 3자리를 제외한 10자리 번호
④ 클릭하여 Void	PNR 조회 → 항공권 번호 클릭 → 응답화면에서 Void e-ticket 클릭 → Void 클릭

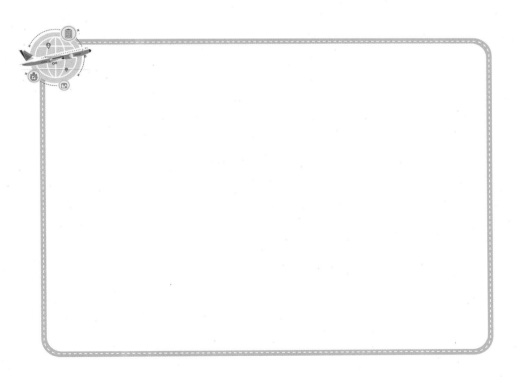

연습문제

(다음 조건으로 가장 저렴하게 발권 후 Void 처리하시오.)

Void 실습	Entry

1. PNR 작성
 	
  1) 본인 2) KIM/SOA(여아, 2015. 10. 19)
 	
    08/17 SEL/PAR AF267 (   ) Class
    10/22 PAR/SEL AF264 (   ) Class
 	
  3) 전화번호
    ① 455-2390 LILA TOUR
    ② 본인 핸드폰 번호
 	
☞ PNR	

2. 발권
  1) NO D/C
  2) NO COMM
  3) 지불수단
    ① 본인 50만원만 카드, VI4444333322221111,
      2023/09, 3개월할부
    ② 어린이 승객 현금 발권	

3. 모든 승객 발권당일 취소 요청	

 ## 저자 소개

구선영

경희대학교 관광학 박사
전) 토파스 여행정보 교육강사
현) 한양여자대학교 호텔관광과 교수

염경아

전) 한진관광 해외영업팀
현) 재능대학교 호텔관광과 겸임교수

항공운임 발권실무

초판 1쇄 발행　2019년 2월 28일
4판 1쇄 발행　2024년 8월　5일

저　자　　구선영·염경아
펴낸이　　임 순 재
펴낸곳　　(주)한올출판사
등　록　　제11-403호
주　소　　서울시 마포구 모래내로 83(성산동 한올빌딩 3층)
전　화　　(02) 376-4298(대표)
팩　스　　(02) 302-8073
홈페이지　www. hanol. co. kr
e-메일　　hanol@hanol. co. kr
ISBN　　979-11-6647-469-9